W0068778

UTB **3400**

**Eine Arbeitsgemeinschaft der Verlage**

Böhlau Verlag · Köln · Weimar · Wien
Verlag Barbara Budrich · Opladen · Farmington Hills
facultas.wuv · Wien
Wilhelm Fink · München
A. Francke Verlag · Tübingen und Basel
Haupt Verlag · Bern · Stuttgart · Wien
Julius Klinkhardt Verlagsbuchhandlung · Bad Heilbrunn
Lucius & Lucius Verlagsgesellschaft · Stuttgart
Mohr Siebeck · Tübingen
Nomos Verlagsgesellschaft · Baden-Baden
Orell Füssli Verlag · Zürich
Ernst Reinhardt Verlag · München · Basel
Ferdinand Schöningh · Paderborn · München · Wien · Zürich
Eugen Ulmer Verlag · Stuttgart
UVK Verlagsgesellschaft · Konstanz
Vandenhoeck & Ruprecht · Göttingen
vdf Hochschulverlag AG an der ETH Zürich

Christoph Scherrer / Caren Kunze

# Globalisierung

Vandenhoeck & Ruprecht

Dr. Christoph Scherrer ist Professor für „Globalisierung und Politik" an der Universität Kassel und Direktor des International Center for Development and Decent Work.
Caren Kunze M.A. war zuletzt tätig als Wissenschaftliche Mitarbeiterin am Wissenschaftszentrum Berlin und bereitet ihre Promotion vor.

Mit 14 Schaubildern

Bibliografische Information der Deutschen Nationalbibliothek

Die Deutsche Nationalbibliothek verzeichnet diese Publikation in der Deutschen Nationalbibliografie; detailliertere bibliografische Daten sind im Internet über http: //dnb.d-nb.de abrufbar.

ISBN 978-3-8252-3400-3
E-Book 978-3-8385-3400-X

© 2011 Vandenhoeck & Ruprecht GmbH & Co. KG, Göttingen
Vandenhoeck & Ruprecht LLC, Oakville, CT, U.S.A.
www.v-r.de

Reihenkonzept und Umschlagentwurf: Alexandra Brand
Umschlagumsetzung: Atelier Reichert, Stuttgart
Satz: Ruhrstadt Medien, Castrop-Rauxel
Druck und Bindung: Hubert & Co, Göttingen

# Inhalt

# Was ist Globalisierung?

Globalisierung: Selten hat ein Begriff so rasch und nachhaltig Karriere gemacht. Er fasste auf einen Schlag viele Phänomene zusammen, die schon länger beobachtet wurden. Insbesondere gab er der Vorstellung einen Namen, dass das Sozialstaatsniveau und die Lohnhöhe zunehmend globalen Prozessen angepasst werden müssten. Vor allem wirtschaftliche Zusammenhänge werden von der Globalisierung geprägt. Doch spielen nationale Grenzen auch für die so genannten GlobalisierungskritikerInnen immer weniger eine Rolle. Diese treffen sich an den verschiedensten Orten der Welt, sei es in Genua (Italien), Porto Alegre (Brasilien) oder Seattle (USA). Sie kommen dort nicht als Mitglieder nationaler Delegationen, sondern als Mitglieder international operierender Nichtregierungsorganisationen (NGOs) und basisdemokratisch organisierter politischer Gruppen und Netzwerke zusammen.

In den wohlhabenden Weltregionen nähert sich insbesondere unter jungen Menschen der Geschmack beim Kauf von Kleidung, Nahrungsmitteln und Autos, also der äußere Lebensstil, an. Konnten früher US-amerikanische Studierende von deutschen u.a. dadurch unterschieden werden, dass Erstere ihre Lehrbücher locker unterm Arm trugen (zur Not mit einem Gürtel zusammengehalten) und die Letzteren in einer Ledertasche, greift dieses Unterscheidungsmerkmal dadurch nicht mehr, dass der Großteil der Studierenden heute Umhängetaschen der gleichen Hersteller über der Schulter trägt. Ferner ist der Medienkonsum deutlich internationaler geworden, sei es durch die Ausstrahlung vor allem US-amerikanischer Produktionen durch nationale beziehungsweise lokale Fernsehsender, sei es durch direkten Zugang zu einem ausländischen Sender oder sei es, dass im Internet die Website eines ausländischen „Content Provider" angesteuert wird.

Die Globalisierung hat natürlich längst die Wissenschaft erreicht. Zum einen wird sie selbst von ihr geprägt: Wer kennt nicht eine/n ProfessorIn, die eine Lehrveranstaltung mit der Begründung einer Konferenzteilnahme in Beijing oder Los Angeles verschiebt? Zum anderen haben viele sozial- und auch kulturwissenschaftliche Fächer die Globalisierung als Studienobjekt entdeckt. In der Politologie, der Soziologie und der Ökonomie werden zudem Stimmen laut, die dafür eintreten, dass die bisherige vorherrschende Analyseeinheit für politische, gesellschaftliche und wirtschaftliche Prozesse, nämlich der Nationalstaat, zugunsten einer globalen, weltgesellschaftlichen Perspektive aufgegeben wird.

Der Streit um die richtige sozialwissenschaftliche Analyseeinheit ist nur eine von vielen Kontroversen, die die Globalisierung ausgelöst hat. Einigen dieser Auseinandersetzungen wollen wir im vorliegenden Buch nachgehen. So wird über grundlegende Fragen der Globalisierung gestritten: Welche gesellschaftlichen Sphären sind überhaupt globalisiert, ist Globalisierung bloß ein neues Wort für ein altes Phänomen. Des Weiteren werden die Ursachen und die Auswirkungen der Globalisierung kontrovers diskutiert: Ist die Globalisierung unausweichlich oder von interessierten Akteuren durchgesetzt worden, entmachtet sie tatsächlich den Nationalstaat oder ist dieser nicht selbst treibende Kraft der Globalisierung? Und wer profitiert eigentlich von der Globalisierung, alle oder nur wenige? Seltener wird nach den Auswirkungen der Globalisierung auf das Verhältnis von Frauen und Männern gefragt. Doch diese seit kurzem gestellte Frage bringt eine überraschende Erkenntnis zu Tage: Die Globalisierung hat ein Geschlecht.

Zur Veranschaulichung der gesellschaftlichen Brisanz, die in der Globalisierung liegt, wollen wir hier gleich zu Beginn die Frage aufwerfen, wie mit ihr umgegangen wird. Das Spektrum ist breit. Es reicht von glühenden BefürworterInnen fortschreitender globaler Vernetzung bis hin zum Plädoyer für kleinräumiges Wirtschaften. Zu den radikalsten Kritikern zählen die Anhänger von al-Qaida, die dem westlichen Lebensstil den Krieg erklärt haben. Für diesen Krieg nutzen sie jedoch Waffen aus globaler Produktion und die zentralen Symbole der Globalisierung: Flugzeuge und das Internet. Sie werden dies alles als Äußerlichkeiten, als unausweichliche Hilfsmittel ihres „heiligen" Kampfes ansehen, doch gerade der zentrale Bezugspunkt ihrer Identität, der Islam, ist genauso wie das Christentum eine „missionarische" Religion, die auf Ausbreitung angelegt ist und universale Gültigkeit beansprucht. Wie wir im zweiten Kapitel darstellen werden, hat die Globalisierung ihre Wurzeln auch in der Missionierung.

Das extreme Beispiel von al-Qaida zeigt aber vor allem eins, dass nämlich die entscheidende gesellschaftliche Konfliktlinie nicht die Globalisierung an und für sich ist, sondern die Frage danach, was und wie globalisiert werden soll. Soll das Kapital Zugang zu allen Orten der Welt erhalten oder soll es heißen: „Proletarier aller Länder, vereinigt Euch"? Soll die Globalisierung sich über anonyme Märkte entfalten oder soll es transkontinentale gesellschaftliche Dialoge geben, in denen die Art und Weise des Austauschs verhandelt wird? Die Frage nach den heutigen Alternativen zur derzeit vorherrschenden neoliberalen Globalisierung, die auf Märkte setzt, werden wir abschließend aufgreifen.

# Globalisierung im Profil

## Was ist stärker globalisiert: Kultur oder Wirtschaft?

*Globalisierung wird vor allem als wirtschaftliches Phänomen wahrgenommen, doch ist der Grad der Vernetzung in manchen kulturellen Bereichen sogar höher. Darüber hinaus ist die scharfe Trennung von Kultur und Ware oftmals nicht möglich, denn Kulturgüter sind auch Teil der ökonomischen Globalisierung. Die Politik mag hinter deren Dynamik zurückgefallen sein, doch die Nationalstaaten haben bereits auf zahlreichen Politikfeldern einen Teil ihrer Souveränität an supra- oder internationale Organisationen abgetreten. Alle Bereiche der Globalisierung sind jedoch von Akteuren weniger Staaten dominiert.*

## Coca-Cola oder Schule: Was ist globaler?

Globalisierung wird zumeist in Verbindung mit der Angst um Arbeitsplätze oder mit weltumspannenden Kapitalmärkten in Verbindung gebracht. Die Assoziation ist nicht zufällig, denn der Begriff „Globalisierung" stammt aus der Betriebswissenschaft. Doch ist die Ökonomie tatsächlich die am stärksten globalisierte Dimension der menschlichen Existenz? Überall auf der Welt finden sich nicht nur eine Coca-Cola-Büchse oder ein McDonald's-Restaurant, sondern auch Schulen, Poststationen und Polizisten. Zwar mögen Schulen von Ort zu Ort sehr unterschiedlich ausgestattet sein, doch orientieren sie sich alle an der Idee, dass Kinder getrennt von zu Hause von professionellen Lehrpersonen unterrichtet werden soll.

Die Frage ist, ob diese Vereinheitlichung nur an der Oberfläche aller Weltkulturen aufzufinden ist und ob nicht, wie Eberhard Schmitt meint, die Globalisierung „gerade auch das Gegenteil, nämlich bewusste Regionalisierung, bewusstes Festhalten an kultureller Eigenart" (Schmitt 2009: 23) fördert.

## Begriffsgeschichte: Strategieentwürfe für Unternehmen

Bevor der Begriff „Globalisierung" zu Beginn der Neunzigerjahre in Mode kam, wurde von Internationalisierung gesprochen. Damit wollte man darauf hinweisen, dass die wirtschaftlichen Aktivitäten zwischen („inter") den Nationen zugenommen haben. Die Betonung lag noch auf „Nationen", da man davon ausging, dass die jeweilige Nation in ihren Grenzen und insbesondere in ihrer Fähigkeit, diesen Grenzen Geltung zu verschaffen, bestehen blieb. Unternehmen, die nicht nur ins Ausland exportierten, sondern dort auch produzierten, wurden multi- bzw. transnationale Konzerne genannt. Doch wirklich „multi"-national, d.h. in mehreren Ländern gleichermaßen heimisch, waren nur die wenigsten Unternehmen. Auch heute noch werden die meisten global agierenden Unternehmen von ihrem ursprünglichen Stammsitz aus von Personen aus dem Land dieses Stammsitzes geführt (Ausnahmen: der schweiz-schwedische Maschinenbaukonzern ABB, der deutsch-französische Chemiekonzern Aventis). Deshalb traf die Bezeichnung „transnationaler" Konzern eher zu, da sie das über die Grenzen einer Nation Hinausgehende betont.

Die frühen transnationalen Konzerne verhielten sich zumeist auch im Ausland „national", ihre Produktions- und Verkaufsstrategien waren auf den jeweiligen nationalen Markt gerichtet. Deren ausländische Produktionsstätten hatten vor Ort ihre Zulieferer und bedienten im Wesentlichen den dortigen Markt. In manchen Fällen unterschied sich ihr ausländisches Produkt von ihrem heimischen Produkt ganz erheblich: Ein bei Köln in Deutschland hergestellter Ford Taunus hatte keine Ähnlichkeit mit einem Ford in den USA. Doch war es gerade die Firma Ford, die Ende der Siebzigerjahre diese nationalen Beschränkungen mit einem so genannten „Weltauto" überwinden wollte. Die einzelnen Teile wie Motoren, Scheinwerfer oder Sitze kamen aus Ford-Werken von (fast) allen Erdteilen und das Auto (ein Escort) wurde dann in wenigen, wiederum um den Globus verteilten Endmontagewerken zusammengebaut und nahezu identisch weltweit vertrieben (für England das Lenkrad auf der rechten Seite, für die USA größere Stoßstangen etc.). Im ersten Anlauf misslang diese Strategie, die Koordinationsprobleme waren zu groß und der Geschmack der Kunden war noch zu national geprägt. Doch das Prinzip war zukunftsweisend und im Laufe der Achtzigerjahre wurde es von vielen ManagementberaterInnen zur Nachahmung empfohlen, allerdings in leicht abgewandelter Form: Nicht für die ganze Welt, sondern jeweils für eines der drei großen Wirtschaftsgebiete (Nordamerika, Westeuropa und Japan, die so genannte Triade) sollte es verwirklicht werden.

Bereits wenige Jahre später, zu Beginn der Neunzigerjahre, entdeckte die betriebswirtschaftliche Literatur die Globalisierung, und „Management-Gurus" wie Kenichi Ohmae von der Wirtschaftsberatungsfirma McKinsey empfahlen den Firmen, global zu denken. Sie sollten sich nicht nur hinsichtlich ihrer Absatzgebiete und Produktionsstandorte global positionieren, sondern auch hinsichtlich ihrer Eigentümerstrukturen und ihres Führungspersonals. Zugleich plädierte diese Literatur für das vollständige Verschwinden nationaler Grenzen (*borderless world*). Mit anderen Worten, die Firmen sollten sich zunehmend so verhalten, als gäbe es keine nationalen Grenzen mehr (Ohmae 1990).

Von da an machte der Begriff rasant Karriere. Der Grund dafür ist nicht zuletzt, dass heute fast alle Menschen dieser Welt in die globale Arbeitsteilung einbezogen sind. Warum wird dann aber der Begriff Globalisierung verwendet, der einen Prozess und nicht einen endgültigen Zustand beschreibt? Der Endzustand, Globalität, ist nicht und wird sicherlich auch nicht bald erreicht sein, denn selbst auf wirtschaftlichem Gebiet, auf der Ebene der Politik ohnehin, machen sich staatliche Grenzen noch bemerkbar (→ Kapitel 5).

## Globalisierung: Ein Begriff mit Wirkung

Noch eine Anmerkung zum Begriff „Globalisierung": Dieser wird nicht nur zur Beschreibung des Prozesses des Bedeutungsverlustes nationaler Grenzen für den Austausch von Waren und Zeichen (Geld, Informationen etc.) verwendet, sondern auch zur Begründung von Handlungsanleitungen. Wegen der Globalisierung sollte man auf nationale Technologieförderung verzichten, nur moderate Lohnerhöhungen fordern, eine Welt-Umweltschutzbehörde gründen etc. Mit anderen Worten, unter Verweis auf die Globalisierung werden die unterschiedlichsten wirtschaftlichen, politischen und kulturellen Positionen vertreten. Globalisierung ist somit auch ein Kampfbegriff, und zwar im doppelten Sinne. Zum einen soll durch seinen Einsatz die jeweils eigene Position gestärkt werden und zum anderen ist sein Bedeutungsinhalt umkämpft: Bietet die Globalisierung Chancen oder stellt sie eine Gefahr dar, ist sie unausweichlich? Diesem Thema wollen wir uns im Kapitel 4 ausführlicher zuwenden.

**Wir wollen im Folgenden mit einer sehr allgemeinen Definition arbeiten: Mit dem Begriff „Globalisierung" wird ein Prozess des Bedeutungsschwunds nationaler Grenzen für menschliche Aktivitäten bezeichnet, der mit einem Bedeutungsgewinn für globale Bezugspunkte einhergeht.**

## Dimensionen der wirtschaftlichen Globalisierung

Der Begriff „Wirtschaft" umfasst viele unterschiedliche Aktivitäten, die wir wie folgt gruppieren: Handel mit Gütern, Handel mit Dienstleistungen, Organisation der Produktion, kurz- und langfristige Kapitalinvestitionen und Angebot von Arbeitskraft.

Der grenzüberschreitende *Handel* nahm in den letzten Jahrzehnten rasant zu, und zwar schneller als die wirtschaftlichen Aktivitäten innerhalb der meisten Länder, so dass sich das Gewicht von Im- und Exporten für die einzelnen Volkswirtschaften deutlich erhöht hat. Während der Außenhandel für Deutschland schon immer wichtig war, nahm er beispielsweise in den USA in den Achtzigerjahren des letzten Jahrhunderts rasant zu, in Indien in diesem Jahrtausend.

**Schaubild 1:** Entwicklung des grenzüberschreitenden weltweiten Warenhandels von 1950 bis 2007 Index (1950 = 1), in konstanten Preisen, Zuwächse in Prozent

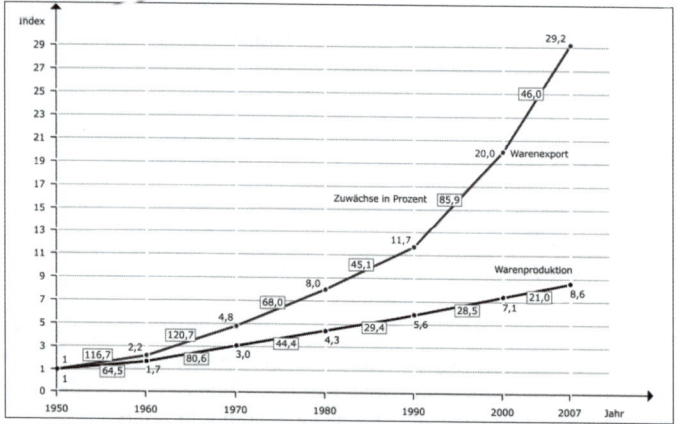

Quelle: World Trade Organization (WTO): International Trade Statistics 2005, 2008; eigene Berechnungen, Lizenz: Creative Commons by-nc-nd/3.0/de, Bundeszentrale für politische Bildung 2009: www.bpb.de

Dienstleistungen wie Haare schneiden waren lange gerade dadurch definiert worden, dass sie nicht gehandelt werden konnten, da Erbringung und Verbrauch zeitlich zusammenfallen. Dank des Internets können Dienstleistungen auch grenzüberschreitend erbracht werden, z.B. durch Online-Kurse der britischen Open University. Doch bereits zuvor konnten die Kunden der Dienstleister aus dem Ausland kommen, z.B. Touristen, oder die Dienstleister konnten zu den Kunden kommen, z.B. IngenieurInnen bei Staudammbauten. Die treibenden Kräfte, Dienstleistungen global zu erbringen, sind Banken und Versicherungen, die vor Ort Tochtergesellschaften gründen, die dann dort die jeweilige Kundschaft bedienen.

Ein großer Teil des Außenhandels findet zwischen Tochter- und Muttergesellschaften innerhalb von transnationalen Konzernen statt. Die fokalen Unternehmen, z.B. ein Endprodukthersteller, lenken heute nicht nur ihre Tochtergesellschaften, sondern auch rechtlich selbstständige Zulieferunternehmen in einer zunehmend globalen Herstellerkette (Wertschöpfungskette).

Der Aufbau solcher Wertschöpfungsketten, aber auch die Erbringung von Bank- oder Versicherungsdienstleistungen vor Ort bedarf einiger Maßnahmen. Dazu gehören Investitionen in Bauten und/oder Maschinen bzw. die Beteiligung an oder der Kauf von bereits vorhandenen Fabriken oder Bürogebäuden. Diese werden „ausländische Direktinvestitionen" genannt (üblich ist die englische Abkürzung für *Foreign Direct Investments*: FDI) und bei ihnen steht die Kontrolle über die Investition im Vordergrund. Bei Portfolioinvestitionen hingegen sind die Kapitalgeber vor allem darin interessiert, die erworbenen Wertpapiere gegebenenfalls rasch verkaufen zu können. Zum Teil werden eher Veräußerungsgewinne angestrebt als Dividenden oder Zinszahlungen.

## Globalisierte Menschen

Während die Hürden für grenzüberschreitende wirtschaftliche Transaktionen Schritt für Schritt abgebaut werden (→ Abschnitt politische Dimensionen der Globalisierung), haben viele Länder die Zuwanderung von Arbeitskräften in den letzten Jahrzehnten stark beschränkt. Gleichwohl nahm weltweit die Migration von Menschen nicht nur im Vergleich zu den Sechzigerjahren zu. Zu den Ursachen zählen viele Faktoren, u.a. das riesige Lebensstandardgefälle auf der Welt, die Deindustrialisierung der Länder der ehemaligen Sowjetunion (in der Ukraine stieg die Arbeitslosigkeit unter Frauen auf 80 Prozent an, Sassen 2006: 129), aber auch Kriege.

Besonders ausgeprägt ist die Binnenwanderung vom Land in die Slums der großen Metropolen im globalen Süden (z.b. Mumbai) aufgrund des Bevölkerungswachstums und der Verdrängung der wenig effizienten Subsistenzlandwirtschaft, die primär der Eigenversorgung dient. In die entgegengesetzte Richtung zur Arbeitsmigration fließt in vielen kleinen Beträgen Geld in die Ursprungsländer zurück. Diese Rücküberweisungen – z.b. von MigrantInnen an ihre Familien im Heimatland – übersteigen mittlerweile insgesamt die öffentliche Entwicklungshilfe.

Für zwei Kategorien von Grenzüberschreitungen von Menschen bestehen kaum Einschränkungen. Zum einen ist eine wachsende Zahl an höher qualifizierten MitarbeiterInnen von transnationalen Konzernen für kurze oder längere Zeit im Ausland tätig. Zum anderen verbringen insbesondere die Menschen in den kleineren, reichen Ländern zu einem sehr hohen Prozentsatz einen Teil ihres Urlaubs ebenfalls im Ausland. Ungefähr 70 Prozent aller Urlaubsreisen der Deutschen haben das Ausland als Ziel. Für gering qualifizierte Menschen bestehen rigide Einschränkungen ihrer grenzüberschreitenden Mobilität. Dies beeinflusst jedoch nicht zwangsläufig die Entscheidung zu migrieren. Dementsprechend leben zunehmend Menschen als „Illegalisierte" ohne legalen Zugang zu Bildung und Gesundheitsversorgung.

**Schaubild 2:** Trends in der internationalen Migration seit 1960

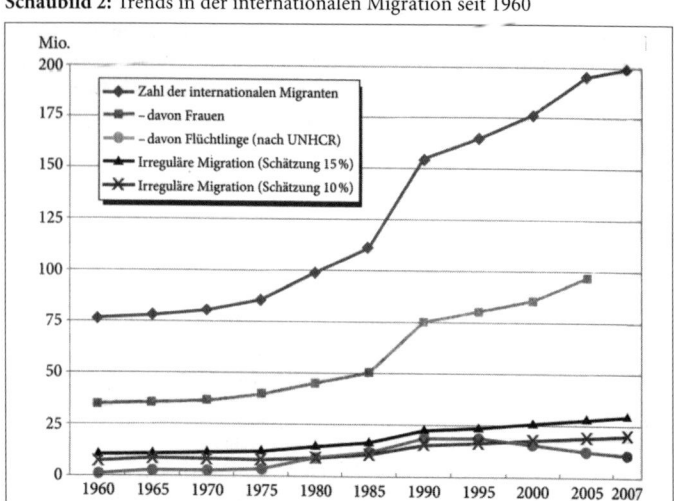

Quelle: Globale Trends 2010, Frankfurt/M: Fischer Taschenbuch Verlag

## Globalisiert trotz geringer Teilhabe an der Weltwirtschaft?

Obwohl große Teile der Welt nur geringfügig am weltwirtschaftlichen Austausch teilnehmen, was insbesondere auf die meisten Länder Afrikas zutrifft, erfolgt deren geringe Einbindung nicht aus freiem Willen, sondern ist Folge ihrer Schwierigkeiten, sich in der globalen Arbeitsteilung erfolgreich zu behaupten. Der geringe Anteil Afrikas am Welthandel (nur 3% der Weltexporte ging 2008 von afrikanischen Ländern aus), bedeutet jedoch nicht, dass diese Länder vom Weltmarkt abgekoppelt sind:

*   Hinter den geringen Exporterlösen versteckt sich auf Grund der geringen Produktivität eine große Zahl an Erwerbstätigen: Knapp ein Viertel der Bauern in Äthiopien (ungefähr ein Achtel der Erwerbsbevölkerung) baut Kaffee für den Export an und spürt somit die Schwankungen des Weltmarktpreises für Kaffee.
*   Umgekehrt beeinflusst die Nahrungsmittelhilfe die lokalen Marktpreise in Afrika.
*   Die zahlreichen Bürgerkriege werden nicht zuletzt durch den Handel mit Edelsteinen finanziert.
*   Ungefähr 40 Prozent des afrikanischen Geldvermögens soll laut Schätzungen außerhalb des Kontinents angelegt sein.
*   Aus vielen afrikanischen Ländern ist die akademische Elite ausgewandert.
*   Die Mehrzahl der afrikanischen Länder ist überschuldet und muss daher die Auflagen des Internationalen Währungsfonds erfüllen.

## Dimensionen der kulturellen Globalisierung

Mitte der Neunzigerjahre forderten MusikerInnen in Deutschland erstmalig die Einführung einer Radioquote. Diese sollte festlegen, dass ein bestimmter Anteil der im Radio gespielten Musik deutschsprachig ist. Damit sollte ein Beitrag zur Erhaltung der kulturellen Vielfalt geleistet werden. Vor einigen Jahren haben sich auch die Bands „2raumwohnung" und „Mia." aus Angst vor dem „Verlust von Identität und geistigem Erbe" dieser Forderung angeschlossen. Einer solchen Position liegt ein Verständnis von Kultur zugrunde, welches diese als fest abgeschlossene Einheit versteht, die im Zeitalter der Globalisierung gegen andere Einflüsse verteidigt werden müsse. Entgegen einer solchen Sichtweise hat sich in der Wissenschaft die Erkenntnis durchgesetzt, dass Kultur keineswegs einen „Container" darstellt, der mit den nationalstaatlichen Grenzen in eins fällt. Vielmehr sind die Unterschiede zwischen bestimmten Regionen in einem Land oft größer als zwischen ähnlichen geographischen Regionen unterschiedlicher Länder.

Kultur wird nicht als homogene Einheit und naturgegeben, sondern als in sozialen Prozessen hergestellt und damit als beständig in Veränderung verstanden. Wir werden in Kapitel 2 sehen, dass die Globalisierung keineswegs ein neues Phänomen, sondern ein historisch weit zurückreichender Prozess ist. Dementsprechend wurden Gesellschaften immer von den Einflüssen anderer Kulturen geprägt und sind durch das gegenseitige Aufnehmen und Abgrenzen der jeweiligen Elemente entstanden (Brock 2008: 121). Das Konzept der Hybridität, welches sich großer Aufmerksamkeit in der Diskussion um Globalisierung und Kultur erfreut, macht diese grundlegende „Unreinheit" bzw. Nicht-Authentizität von Kultur sichtbar.

Da die aktuelle Phase der Globalisierung deutlich geprägt ist von der weltweiten Ausbreitung des Kommunikations- und Mediennetzes, lösen sich jedoch die Bindungen kultureller Praktiken an bestimmte Räume zunehmend und es kommt zu einer weltweiten Verfügbarkeit z.B. von Musik, Filmen, Nachrichten und ästhetischen Formen.

**Schaubild 3:** InternetnutzerInnen weltweit

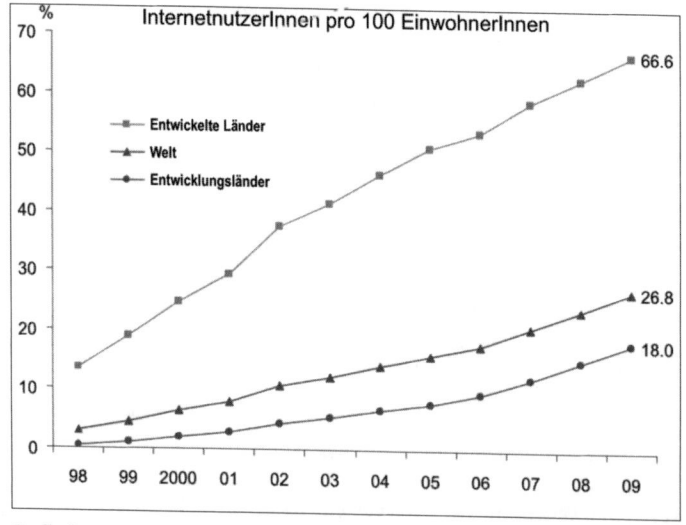

Quelle: International Telecommunication Union 2010: http://www.itu.int

Im Bereich der Kommunikationstechnologien ist eine rasante Verbreitung in allen Regionen der Welt festzustellen, vor allem im Bereich der Festnetz- und Mobilfunkanschlüsse. Letztere stiegen von 11 Millionen im Jahr 1990 auf 4,6 Milliarden im Jahr 2009.

Auch die Zahl der Internetverbindungen wächst beständig. Während es 2006 erst 426 Millionen Internetverbindungen gab, stieg diese Zahl auf etwa 1,8 Milliarden im Jahr 2009.

Laut der International Telecommunication Union – einer Sonderorganisation der UN – verkleinert sich die „Digital Divide", sprich die Kluft zwischen ökonomisch entwickelten und sich entwickelnden Staaten bzgl. des Zugangs zum Internet und anderen Kommunikationsmedien, zunehmend. Dennoch lassen sich noch immer große Unterschiede zwischen den Entwicklungs- und Industrieländern feststellen.

Die wachsende Verbreitung des Internets führt zur Entwicklung neuer Kommunikationsformen. Soziale Netzwerke wie studiVZ, MySpace, twitter und Facebook stellen solche neuartigen Kommunikationsformen dar. Mehr als 500 Millionen Menschen pflegen im Durchschnitt täglich eine Stunde ihre weltweiten Kontakte mithilfe von Facebook. Ein großer Anteil der Postings verweist auf Musik, Filme und andere Kulturprodukte, die in den jeweiligen lokalen Kontexten konsumiert werden. Per Mausklick machen sich diese Verweise auf den Weg um den Globus.

Auch der Bereich der Fernsehunterhaltung ist zunehmend globalisiert. Zum Beispiel ist das Sendeformat *Wer wird Millionär?* mittlerwei-

**Schaubild 4:** Verbreitung des Sendeformats „Wer wird Millionär"

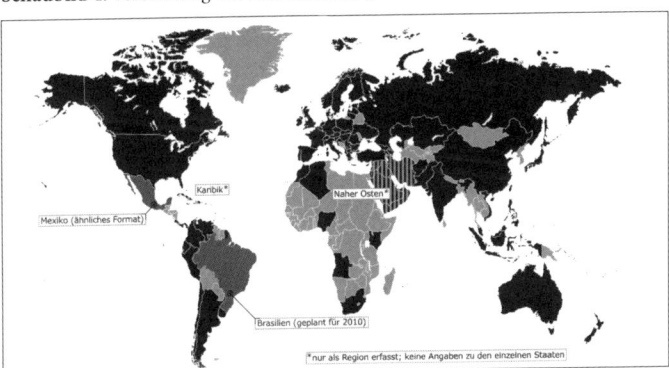

Quelle: bestätigt durch Sony Pictures Television, Lizenz: Creative Commons by-nc-nd/3.0/ de, Bundeszentrale für politische Bildung 2010: www.bpb.de

le von Fernsehanstalten in über 100 Ländern lizensiert. Dabei ist das Erscheinungsbild der Sendung – Kameraeinstellung, Studiogestaltung, Lichteffekte – mit kleinen Ausnahmen, z.B. bzgl. der Gewinnhöhe, streng geregelt. Global verfügbare Unterhaltungsformate sind ebenso Talentwettbewerbe und Castingshows wie *Deutschland sucht den Superstar* oder *Popstars* und Reality-Soaps wie *Big Brother*.

Angesichts dieser Entwicklungen stellt sich die Frage, ob Globalisierung zu einer Vereinheitlichung, einer Vermischung oder gar zu einer Stärkung traditioneller Elemente der jeweiligen Kulturen führt. Die Antworten darauf sind kontrovers: Einige TheoretikerInnen sprechen sich dafür aus, dass die Welt zunehmend unter US-amerikanischen (McDonaldisierung, Amerikanisierung) oder westlichen Einflüssen (Westernization) im Zeichen von Coca-Cola und des Big Macs als Repräsentationen eines westlichen, modernen Lebensstils vereinheitlicht wird. McDonald's, die größte und bekannteste Fast-Food-Kette, ist mittlerweile mit über 32.000 Filialen in 118 Staaten der Welt vertreten.

„Caffè Latte" in Pappbechern ist durch die in 44 Ländern vertretene Kette *Starbucks* ebenso nahezu weltweit zu *der* Form, Kaffee zu konsumieren, geworden. Hierbei geht es nicht nur um das Produkt an sich, sondern um den damit transportierten urbanen Lebensstil.

Entgegen der These der Amerikanisierung beschränkt sich die Globalisierung der Kultur jedoch nicht auf eine einfache Bewegung, die von den USA oder den westlichen Industriestaaten ausgeht. Vielmehr lassen sich auch in den USA und Europa deutliche Einflüsse der Kulturen anderer Kontinente beobachten. Zum Beispiel haben sich japanische Comics, *Mangas*, in den USA und Europa als anerkanntes Genre durchgesetzt: Unter den 100 beliebtesten Comic-Bänden in den USA waren 80 Manga-Bände. Manga-Zeichenwettbewerbe, Manga-Preisverleihungen und Manga-Magazine deuten auf die Beliebtheit der Comics in Deutschland hin.

Entgegen der Vereinheitlichungsthese spricht sich der Kulturwissenschaftler Stuart Hall dafür aus, dass die Globalisierung nicht zu einer Homogenisierung von zuvor scheinbar abgeschlossenen Kulturgemeinschaften führt, sondern vielmehr eine Erweiterung dessen darstellt, was als globale Kultur zu verstehen ist (Dürrschmidt 2002). Inwiefern die Angleichung der Bilderwelten und Kulturgüter auf der Produktionsebene auf die Rezeption in den jeweiligen lokalen Kontexten wirkt, ist umstritten. Der These der Erweiterung der Kulturen folgend, können nichtheimische Kulturprodukte in eigener Weise aufgenommen und verändert werden (Stichwort „Bollywood").

Diese genannten Aspekte verweisen auf eine weitere zentrale Dimension, die bei der Definition von Kultur eine Rolle spielt: Kultur ist auch eine Ware und die Kulturwirtschaft ist einer der am schnellsten wachsenden Bereiche der Weltwirtschaft. Statistiken der UNESCO zeigen, dass sich im Zeitraum zwischen 1994 und 2002 das Handelsvolumen kultureller Güter fast verdoppelt hat (Glasze/Meyer 2009). Dementsprechend erscheinen Forderungen wie die zu Beginn genannte Radioquote noch in einem anderen Licht, nämlich als Versuche, den eigenen Markt zu schützen (→ Kapitel 4), denn im Musikbereich liegt der Marktanteil US-amerikanischer Produktionen bei 60%. Im Filmbereich sind die USA ebenfalls die absoluten Marktführer. Trotz dieser scheinbaren US-amerikanischen Dominanz ist zu bedenken, dass die These der Amerikanisierung oberflächlich ist, denn „Hollywood ist heute nicht viel mehr als eine Metapher, wo mit japanischem, europäischem und australischem Geld Regisseure aus China, Korea, Deutschland und England Filme drehen" (Wagner 2002: 16).

## Dimensionen der politischen Globalisierung

Der grenzüberschreitende Austausch beschränkt sich nicht nur auf materielle und kulturelle Güter. Im Bereich der Politik wird seit langem der Austausch von Informationen praktiziert. Seit dem zweiten Weltkrieg findet dies zunehmend in institutionalisierter Form in den Foren der Vereinten Nationen, aber auch in vielen anderen internationalen Organisationen statt. Viele „Probleme" können aufgrund der fortgeschrittenen Vernetzung nicht mehr von Nationalstaaten allein gelöst werden. So müssen zum Beispiel Klimaschutzmaßnahmen international abgestimmt, national durchgesetzt und lokal umgesetzt werden (Behrens 2005). Seit Mitte der 1970er Jahre versuchen sich die Regierungschefs besonders mächtiger Staaten auf regelmäßigen Gipfeltreffen (G7, G8 und derzeit G20) vor allem bezüglich ihrer wirtschaftspolitischen Maßnahmen abzustimmen. Im zunehmenden Maße führen diese Gespräche zu verbindlichen Vereinbarungen über Verhaltensweisen der jeweiligen Staaten, sei es in militärischen, wirtschaftlichen oder kulturellen Belangen.

Die Aufgabe nationaler Souveränität, sprich die Bereitschaft, die Entscheidungen supra- bzw. internationaler Organisationen im eigenen staatlichen Hoheitsgebiet zu akzeptieren, ist besonders ausgeprägt in den Militärbündnissen. So ging zum Beispiel die Gründung der Nordatlantischen Verteidigungsorganisation (NATO) der Gründung der Europäischen Union voraus. Der Sicherheitsrat der Vereinten Nationen kann

**Schaubild 5:** Internationale Gerichtshöfe

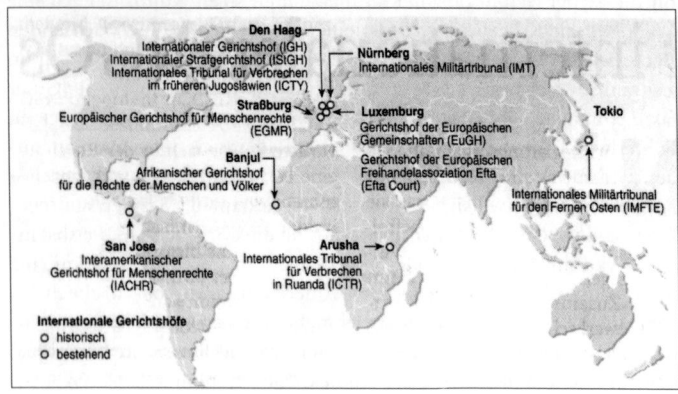

Quelle: Le Monde diplomatique (Hrsg., 2003): Atlas der Globalisierung. Berlin: Taz Verlag

sogar Staaten ermächtigen, andere Staaten anzugreifen. Regierungen und nationale Gerichte halten sich zudem vermehrt an Entscheidungen der im Ausbau befindlichen internationalen Gerichtsbarkeit. Diese hat ihren Ursprung im 1922 gegründeten Ständigen Internationalen Gerichtshof in Den Haag (seit 1945 der Internationale Gerichtshof), dessen Entscheidungen allerdings nicht immer von den Staaten befolgt werden (Beispiel: die militärischen Aktivitäten der USA gegen Nicaragua im Jahr 1984). Seit 2002 besteht ein Internationaler Strafgerichtshof (IStGH) mit Zuständigkeit bei Völkermord und Kriegsverbrechen. China und die USA haben neben einigen anderen Staaten noch nicht die Hoheit dieses Gerichtes anerkannt. Für die EU-Mitgliedsstaaten gewinnt der Gerichtshof der Europäischen Gemeinschaften (EuGH) an Bedeutung.

Unterhalb der Gerichtsbarkeit entstand ein ausgedehntes Schlichtungswesen. Prominent ist das seit 1995 bestehende Streitbeilegungsverfahren der Welthandelsorganisation (WTO), welches von einem WTO-Mitgliedsland eingeleitet werden kann, wenn es der Meinung ist, dass sich ein anderes Mitgliedsland nicht an die vereinbarten Regeln hält. Feste Fristen für alle Verfahrensschritte sorgen für ein vergleichsweise zügiges Verfahren. Auch mächtige Staaten halten sich weitgehend an die WTO-Schiedssprüche.

Auf zahlreichen Politikfeldern treffen sich die Mitglieder der jeweiligen Ministerialbürokratien zum regelmäßigen fachbezogenen Austausch, auch ohne ein explizites Mandat ihrer Regierungen (sog. Transnational Executive Networks).

Als mittlerweile fester Bestandteil der globalen politischen Architektur versuchen Nichtregierungsorganisationen (NRO), die Interessen der Zivilgesellschaft in das internationale System einzubringen. Nicht nur ist die Anzahl der NRO seit dem Ende des Zweiten Weltkrieges beständig gewachsen, viele Nichtregierungsorganisationen sind heute über den Globus vernetzt. Zum Beispiel ist Greenpeace mittlerweile in über 40 Ländern vertreten. Andere NRO vernetzen sich auch untereinander, um ihren Anliegen besser Gehör zu verschaffen. Solche Netzwerke – wie zum Beispiel das im entwicklungspolitischen Bereich tätige Netzwerk „Development Alternatives with Women for a New Era" (DAWN) – werden als „Transnational Advocacy Networks" bezeichnet.

Zusammen mit VerbandsvertreterInnen der Wirtschaft, MinisterialbürokratInnen und WissenschaftlerInnen beteiligen sich NRO auch an globalen Netzwerken zu einzelnen Politikfeldern (sog. „Global Public Policy Networks"), z.B. im Landwirtschaftsbereich an der Consultative Group on „International Agricultural Research" (CGIAR).

Ob auf Regierungs- oder auf NRO-Ebene, die internationale Kooperation ist von Macht durchzogen. Der UN-Sicherheitsrat wird von wenigen ständigen Mitgliedern beherrscht, mit der G8 maßen sich einige reiche kapitalistische Länder an, die Geschicke der Welt zu lenken, im Internationalen Währungsfonds verfügen die USA und die EU über eine Sperrminorität. Nicht alle NROs verfügen über die entsprechenden Ressourcen, die nötig sind, um sich beispielsweise für die Beratungen des Wirtschafts- und Sozialrates der UN akkreditieren zu lassen oder die entsprechenden Flug- und Tagungskosten aufzubringen. Auf diese Weise werden kleinere NROs aus den Gestaltungsprozessen ausgeschlossen.

## Weiterführende Literatur

**Debiel, Tobias / Messner, Dirk / Nuscheler, Franz / Roth, Michèle / Ulbert, Cornelia (2010):** Globale Trends 2010. Frieden. Entwicklung. Umwelt. Frankfurt/M.
**Held, David / McGrew, Anthony / Goldblatt, David / Perraton, Jonathan (1999):** Global Transformations: Politics, Economics and Culture. Stanford
**Le Monde diplomatique (2009; Hrsg.):** Atlas der Globalisierung. Sehen und verstehen, was die Welt bewegt. Berlin

**2**

# Globalisierung in der Kontinuität des Kolonialismus?

*Wenngleich der Begriff Globalisierung erst in den Neunzigerjahren auftrat, weisen WirtschaftshistorikerInnen darauf hin, dass die Globalisierung mit den europäischen Eroberungsfahrten im ausgehenden 15. Jahrhundert begann.*

*Bis zum Ersten Weltkrieg durchlief die Globalisierung zwar verschiedene Phasen, wies aber eine hohe Kontinuität auf. Schon an der Wiege der globalen Wirtschaftsverflechtung stand Gewalt Pate. Im Industriezeitalter nahm das Ausmaß der gewaltsamen Eroberung der Welt durch Europa noch zu, wobei allerdings die Sklaverei zunehmend durch Lohnarbeit ersetzt wurde.*

*Von Anfang an bestand ein interkontinentaler Kettentransfer von Waren. Die einträgliche Veredelung der Rohstoffe behielten die Kolonialmächte für sich. Die erkämpfte Entkolonialisierung zog sich bis in die Sechzigerjahre.*

## Erste Globalisierung – Kolonialismus

Handel, Kommunikation und Wanderungen über weite Entfernungen sind fester Bestandteil der Menschheitsgeschichte. Bereits vor der „Entdeckung" Amerikas durch Kolumbus im Jahr 1492 gab es einen regelmäßigen Handel zwischen den dynamischen Wirtschaftszonen in Europa, Nordafrika und Asien. Nicht allein durch das römische Erbe waren nahöstliche Erfindungen wie das Christentum in Europa bekannt. Arabische Präsenz in Sizilien und auf der iberischen Halbinsel, die Kreuzzüge nach Palästina und die rege Handelstätigkeit Venedigs haben in der vorkolumbianischen Zeit Europa vom „Orient" lernen lassen. Beispielsweise förderten im 12. Jahrhundert die oberitalienischen Städte die Kultivierung von aus Asien stammenden Zitronen auf ihren landwirtschaftlichen Kolonien.

Die Seehafenstädte des westlichen Mittelmeers machte dieser Austausch reich. Jedoch wurde dieser Reichtum im 15. Jahrhundert durch das erstarkende Osmanische Reich bedroht, so dass die Suche nach einem Weg über den Atlantik nach Indien in westlicher und südlicher Richtung begann.

Obwohl die Entdeckung des Genuesen Christoph Kolumbus zumeist als Beginn der globalen Vernetzung angesehen wird, war die fünf Jahre zuvor erfolgte erstmalige Umsegelung der südlichen Spitze Afrikas, des Kaps der Guten Hoffnung, durch den Portugiesen Bartolomeo Dias zunächst wichtiger, denn sie eröffnete den Weg in den Indischen Ozean. 1498 gelang es Vasco da Gama mit einer portugiesischen Flotte erstmalig, auf dem Seewege bis nach Indien zu kommen. Wenige Jahrzehnte später beherrschten portugiesische Karavellen den Handel mit Indien.

**Schaubild 6:** Wichtigste weltumspannende Handelsrouten 1400-1800

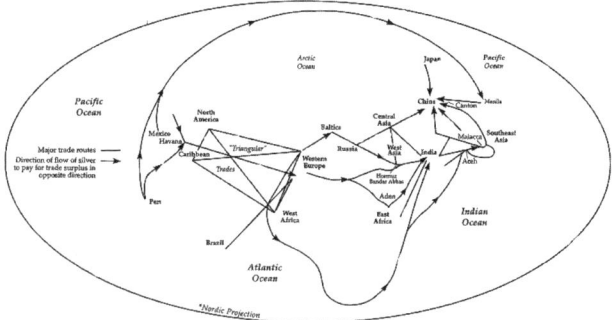

Quelle: André Gunder Frank 1998, ReOrient, S. 65, University of California Press

Es war kein Zufall, dass die globale Vernetzung der Wirtschaftsräume von Europa ausging. Der indisch-chinesische Raum war nicht nur aufgrund günstiger klimatischer Bedingungen für den Anbau von Gewürzen, sondern auch aufgrund einer insgesamt höher entwickelten Wirtschaft viel weniger an westlichen Gütern interessiert. Das Hauptgeschäft der portugiesischen Seefahrtspioniere war dann auch nicht der Fernhandel zwischen Europa und Asien, sondern der innerasiatische Handel im Indischen Ozean; ihre Überlegenheit beschränkte sich auf ihre Seefahrtskunst und nautische Militärtechnik. So wurden Pferde aus Persien nach Südindien und dortige Stoffe zu den Gewürzinseln verschifft. Den Handel zwischen Europa und Asien brachte dann überraschend Amerika in Schwung. Überraschend, weil Amerika zunächst nur als Barriere auf dem Weg nach Indien angesehen wurde. Doch das zunächst der indigenen Bevölkerung gestohlene und später unter unsäglichen Arbeitsbedingungen abgebaute Silber und Gold aus

Mittel- und Südamerika verschaffte den Händlern der iberischen Halbinseln die Zahlungsmittel, die auch in Asien begehrt waren.

## Der iberische Kronmonopolismus (1492–1820)

Die Geschichte von den Anfängen iberischer Kontrolle über Mittel- und Südamerika und des Seehandels mit Asien bis zum Beginn der Entkolonialisierung im 20. Jahrhundert lässt sich in Anlehnung an Reinhard Wendt (2007) in drei Phasen unterteilen: den iberischen Kronmonopolismus, die nordwesteuropäischen Monopolgesellschaften und den industriellen Imperialismus. Diese Phasen unterscheiden sich durch die Zentren der Kolonialisierung, das Verhältnis zwischen Staat und privaten Akteuren und die technische Basis der Dominanz. Einheitlichkeit bestand darin, dass der globale Handel und damit die globale Arbeitsteilung aus Europa organisiert wurden.

Die erste Phase, die Phase des iberischen Kronmonopolismus, dauerte zwar bis zur Befreiung der südamerikanischen Kolonien zu Beginn des 19. Jahrhunderts an, doch war ihre Blütephase bereits Mitte des 17. Jahrhunderts überschritten. Sie war von der Dominanz Portugals und Spaniens geprägt, die mit päpstlichen Segen die neu entdeckte Welt unter sich aufgeteilt hatten (Verträge von Alcáçovas, Tordesillas und Zaragoza). Die jeweiligen Kronen ordneten den Handel und die eroberten Gebiete ganz der Macht- und Reichtumsmehrung unter. Die Schaffung von Monopolen war diesem Ziel besonders förderlich. Sofern den Kronen das Kapital fehlte, bedienten sie sich auch privater Unternehmer, die Lizenzen für ihre jeweiligen Geschäfte erhielten.

Wenngleich das von den iberischen Mächten um die Erde gelegte Netz noch viele Löcher aufwies, wies es die zentralen Merkmale der heutigen Globalisierung auf. Der Handel umfasste bereits Amerika, Afrika, Asien und Europa. Nicht nur wurden die klimatischen und geologischen Unterschiede zwischen den einzelnen Weltregionen gezielt für den Handel ausgenutzt, sondern der Handel selbst wurde monopolisiert und die heimische Produktion gegenüber Produzenten aus den überseeischen Besitzungen bevorzugt. Die einträgliche Veredelung der Rohstoffe behielten die iberischen Staaten für sich. Diese Praxis wurde von den späteren Kolonialmächten übernommen.

Neben dem Bergbau förderten die Kolonialverwaltungen die Plantagenwirtschaft, was zum einen zur transkontinentalen Verbreitung einiger Kulturpflanzen wie dem Zuckerrohr führte und zum anderen den Menschenhandel beförderte. Bekannt ist die Ersetzung indianischer

Zwangsarbeiter durch afrikanische Sklaven. Bis zum Ende des 17. Jahrhunderts sollen eine Million Menschen aus Afrika ins spanisch und portugiesisch kontrollierte Amerika versklavt worden sein. Auch im asiatischen Raum wurden Menschen versklavt. Die globale Arbeitsteilung entstand nicht als Folge friedlicher Neugier auf andere Güter, sondern aufgrund gewaltsamer Eroberung und Ausbeutung.

Die Globalisierung umfasste von Anfang an auch kulturelle Dimensionen. Zum einen, weil der Fernhandel selbst ein kulturelles Phänomen war, dem spezifische Einstellungen zur Sicherung der Lebensgrundlagen, zur Natur und zu anderen Menschen zugrunde lagen. Im iberischen Zeitalter kennzeichnete eine Beute-Mentalität das Führungspersonal der Expeditionen (Schmitt 2009: 16).

Zum anderen ging Eroberung mit christlicher Missionierung einher, die von den Päpsten im Gegenzug zur Gewährung der Gebietsmonopole in der Neuen Welt von den iberischen Kronen verlangt wurde. Letztere kamen dieser Aufforderung auch aus eigener Überzeugung nach. Die Missionierung lief zumeist dort gewaltsam ab, wo die europäische Vorherrschaft erdrückend war, also in Amerika, und verlief dort friedlicher, wo sich die Europäer mit den lokalen Mächten arrangieren mussten, also in den asiatischen Küstenregionen.

Die katholischen Missionare trugen wie die Seeleute, Händler und Wissenschaftler zum Wissen über die „neue" Welt bei. Das spanische Königshaus verlangte explizit nach solchen Berichten. Für die Seefahrer stand geographisches Wissen im Vordergrund, für die Händler die jeweilige Angebots- und Nachfragelage, und die frühen Wissenschaftler interessierten sich vor allem für die Ernährungspotenziale der Pflanzenwelt.

## Die nordwesteuropäischen Monopolgesellschaften (1600–1857)

Die anderen Europäer waren allerdings nicht gänzlich von diesem Wissen ausgeschlossen. Zum einen hatten sie selbst Wissen zur Atlantiküberquerung beigetragen. Beispielsweise nutzte Kolumbus die astronomischen Karten des in Nürnberg lebenden Regiomontanus. Zum anderen nahmen einzelne Personen als Missionare, Geldgeber, Handwerker und Wissenschaftler an den Fahrten teil. Über den besten Zugang verfügten die Niederländer, da sie lange Teil des spanisch-habsburgischen Reichs waren und in ihrem erfolgreichen Unabhängigkeitskampf (1566–1648) gelernt hatten, sich gegen spanische Vorherrschaft zu behaupten. Ihre ersten überseeischen Erfolge gingen jedoch zu Lasten der Portugiesen, deren verstreute Stützpunkte entlang der Küsten Asiens leichter zu erobern waren als die spanischen Kolonien in Amerika. Mitte des 17. Jahrhunderts hatten die Niederländer die Portugiesen im asiatischen Seeverkehr abgelöst.

Zeitgleich versuchten niederländische, englische und französische Abenteurer durch Schmuggel und Piraterie die Monopolansprüche der iberischen Mächte im transatlantischen Seeverkehr zu unterlaufen. Die Piraterie erhielt rechtstheoretischen Beistand durch Hugo Grotius, den Begründer des modernen Völkerrechts. Er plädierte 1608 für die Freiheit der Meere und erklärte das Kapern portugiesischer Karavellen für gerechtfertigt, solange diese anderen den freien Handel untersagten. In England genossen Piraten wie Francis Drake den Schutz der Krone.

Die eigentlichen Träger der kolonialen Expansion der nordwesteuropäischen Staaten waren die privaten Kompanien. Die kolonialistischen Unternehmungen standen in diesen Ländern nicht mehr im Dienste der Krone, sondern gehörten privaten Kaufleuten, die Anteile an diesen Kompanien zeichneten. Die 1600 gegründete *East India Company* (EIC) und die bald darauf folgende Vereinigte Ostindische Kompanie (VOC) erhielten allerdings vom Staat viele Privilegien, vom Handelsmonopol bis hin zu hoheitsrechtlichen Befugnissen wie der Rechtssprechung. Deshalb kann diese Phase des Kolonialismus als Zeitalter der *nordwesteuropäischen Monopolgesellschaften* bezeichnet werden. Allein die VOC beschäftigte während des 17. und 18. Jahrhunderts knapp eine Million Menschen in ihrem asiatischen Handelsimperium.

Die Suche der nordwesteuropäischen Länder nach von den iberischen Mächten nicht kontrollierten Indien-Routen führte sie nach Nordamerika. Dort wurden nicht nur Handelsstationen aufgebaut, sondern auch agrarische Siedlungen von europäischen Auswanderern gegründet. Wie bekannt entwickelten sich die nordamerikanischen Kolonien auf dem Rücken der indigenen Bevölkerung rasch. Sie läuteten mit der Unabhängigkeitserklärung von 1776 die erste Entkolonialisierungswelle ein, die in den nächsten Jahrzehnten unter der Führung der dort ansässigen europäischstämmigen Eliten die südamerikanischen Staaten erfasste. Bereits 1822 hatten weder Portugal noch Spanien nennenswerte Kolonien in Amerika.

Die Unabhängigkeit der USA stand den weiteren kolonialen Bestrebungen der europäischen Länder nicht im Wege. Im Laufe der Zeit dehnten die ursprünglichen 13 Ostküstenstaaten der USA ihren Einfluss auf vormalig indianische und spanische Territorien bis zum Pazifik aus. 1898 wurden die USA selbst zur Kolonialmacht auf den Philippinen.

Der Welthandel wurde zunächst von den niederländischen Kompanien beherrscht, doch stieg Großbritannien gegen Ende des 17. Jahrhunderts zur führenden See- und Seehandelsmacht auf. Seine Kompanien prägten die globale Arbeitsteilung. Zwar waren die Wertschöpfungsketten noch nicht so feingliedrig über den Globus verteilt wie heutzutage, doch kam es zu einem intensiven interkontinentalen Kettentransfer von Waren. Berüchtigt ist das Dreieck zwischen Europa, Afrika und der Karibik, in dem für europäische Waren in Afrika Sklaven erworben wurden, die in der Karibik gegen Rohrzucker oder andere Plantagenprodukte getauscht wurden. Ähnliche Dreieckstauschbeziehungen bestanden auch zwischen anderen Regionen. Die Kompanien förderten die gezielte Produktion für den Export. Im 18. Jahrhundert waren 11% der Beschäftigten in der bengalischen Textilindustrie für die Exportproduktion nach Europa beschäftigt. Doch regte sich in England Widerstand gegen billige Importe aus Übersee. Die Folge war, dass Indien nur noch Rohbaumwolle liefern durfte, während die Veredelung in England stattfand.

Der Sklavenhandel stieg drastisch auf ca. sechs Millionen im 18. Jahrhundert an, wobei noch Millionen AfrikanerInnen hinzugezählt werden müssen, die in die islamische Welt versklavt wurden. Erst um 1800 wurde der überseeische Menschenhandel verboten. SklavInnen arbeiteten hauptsächlich in den Exportindustrien. 1675 waren allein auf Barbados 80.000 SklavInnen mit der Zuckergewinnung für den Export beschäftigt. Schon damals bestand wie heute unter den einzelnen Produktionsstandorten eine scharfe Konkurrenz. Die Zentren der Zuckerrohrplantagen wanderten in der Karibik hin- und her, und zwar abhängig von der Vernutzung der Böden und der Intensität des Widerstandes. Insgesamt verdrängte die Karibik im 18. Jahrhundert die indonesische und brasilianische Zuckerrohrwirtschaft.

Von Zwangsverschleppung waren auch europäische Menschen nicht verschont, z.B. die ca. 16.000 nordhessischen Männer, die der Kasseler Landgraf Friedrich II. als Soldaten an die Engländer im amerikanischen Unabhängigkeitskrieg „vermietete", oder die kriminalisierten Armen in England, die nach Australien verschifft wurden. Die freiwillige oder religiös motivierte Auswanderung begann in dieser Phase zahlenmäßig an Bedeutung zu gewinnen.

In Asien erfolgten die ersten Schritte zur Einflussnahme auch auf das Landesinnere. Die *East India Company* (EIC) nahm zunächst mittels Steuer- und Zollvorschriften auf die Produktion in Bengalen Einfluss. Im Laufe des 18. Jahrhunderts mutierte die EIC von einer Handelskompanie zu einer Landmacht mit Armee sowie Steuereinnahmen insbesondere in den indischen Besitzungen. 1757 besiegten ihre Söldner indische Fürsten und die EIC übernahm die politische Gewalt in Bengalen. Weitere Landnahmen folgten.

Die europäische Eroberung der Welt zeitigte ihre Wirkung in Europa. So änderten sich die Ernährungsgewohnheiten nicht nur der Oberschichten, sondern auch der Bauernschaft (z.B. durch die Kartoffel). Die Rückwirkungen erfassten zudem die Geisteswelt. Europäische Aufklärer wie Leibniz und Voltaire interessierten sich u.a. für den chinesischen Konfuzianismus. Wie bereits für die Spanier, waren die auf den Erkundungsfahrten von Pionieren wie James Cook gesammelten Erkenntnisse für den strategischen Ausbau des sich abzeichnenden British Empire bedeutsam.

## Der Industrielle Imperialismus (1858–1930)

Die industrielle Revolution begann in England. Sie beinhaltete die Mechanisierung von Handarbeit durch Maschinen (Spinning Jenny: die erste Spinnmaschine, 1767), die mechanische Energieumwandlung (James Watts Dampfmaschine, 1769) und die damit zusammenhängende massenhafte Verwendung mineralischer Grundstoffe, zunächst von Kohle und Eisen. Obgleich sich die industrielle Revolution rasch auf dem europäischen Kontinent und in den USA ausdehnte, konnte England seine wirtschaftliche Führungsposition bis Ende des 19. Jahrhunderts behaupten. Mitte des 19. Jahrhunderts stellte Großbritannien nur 2 % der Weltbevölkerung, doch über 40 % des Industriepotenzials. Militärisch waren die Mitkonkurrenten jedoch zu stark, um von England direkt beherrscht zu werden.

Die industrielle Revolution führte nicht nur zu einer Überlegenheit in der Warenproduktion, sondern auch in der Militärtechnik einschließlich der Kommunikationsnetze (erste dauerhafte Kabelverbindung zwischen Europa und Nordamerika 1866). Die asiatischen Länder waren der industriell gefertigten Militärmaschine der Kolonialmächte nicht mehr gewachsen und mussten große Gebietsverluste hinnehmen. Gegen Ende des 19. Jahrhunderts wurde auch Afrika unter den europäischen Kolonialmächten aufgeteilt. Insgesamt führte die industrielle Revolution zu einer stärkeren Beherrschung der nicht-europäischen Welt mit Ausnahme von Japan.

Inwiefern die Kolonialbesitzungen den industriellen Aufschwung Europas begünstigten, ist in der Literatur umstritten. Während David Landes (2007) unter Bezug auf Max Weber die protestantische Ethik und die Durchsetzung von privaten Eigentumsrechten als zentrale Ursachen für

den Beginn der industriellen Revolution in England benennt, führt Karl
Marx die Enteignung des Landvolks von Grund und Boden (ursprüng-
liche Akkumulation) als wichtigen Grund an (Marx 1867). Die Depen-
denztheoretiker André Gunder Frank (1998) und Immanuel Wallerstein
(1986) betonen, auf Marx zurückgreifend, die Bedeutung des durch den
Kolonialbesitz bereits erreichten relativen Wohlstands und den Zugang
zu Rohstoffquellen und Absatzmärkten.

> Karl Marx zur Herausbildung des „Weltmarktes": „Die Entdeckung der
> Gold- und Silberländer in Amerika, die Ausrottung, Versklavung und
> Vergrabung der eingeborenen Bevölkerung in die Bergwerke, die Er-
> oberung und Ausplünderung von Ostindien, die Verwandlung von
> Afrika in ein Gehege zur Handelsjagd auf Schwarzhäute bezeichnen die
> Morgenröte der kapitalistischen Produktionsära." (Marx 1867: 779)

Ebenfalls kontrovers werden die Motive für den Kolonialbesitz diskutiert, wobei sich ein Konsens herausschält, dass sich der Imperialismus
aus unterschiedlichen Quellen speiste: Es ging um Rohstoffquellen und
Absatzmärkte, um die Schaffung eines Ventils für die mit der Industrialisierung einhergehenden scharfen gesellschaftlichen Konflikte, um die
Stärkung des Staats und darum, gegenüber den europäischen Nachbar-
ländern nicht ins Hintertreffen zu geraten. Entscheidend war aber letztlich, dass die industrielle Revolution einen solch nachhaltigen machtpo-
litischen Vorteil gewährte, dass die Gegenwehr zu gering ausfiel. Dort wo
die Gegenwehr und der Wille sowie die Möglichkeiten, die industrielle
Revolution nachzuholen, stark genug ausgeprägt waren, konnte die Kolonialisierung vermieden oder überwunden werden. Japan und die USA
stehen für diese Strategie. In der Machtlogik des Zeitalters des Imperialismus strebten diese dann selbst nach Kolonialbesitz.
　　Trotz Rivalitäten bestand unter den Kolonialmächten zumeist ein
Einvernehmen im Umgang mit dem Rest der Welt. Dies zeigte sich beispielsweise bei der Meistbegünstigungsklausel in den Knebelverträgen
mit de jure noch souveränen Staaten wie China. Zugeständnisse, die
einer Kolonialmacht gewährt wurden, kamen automatisch allen anderen
auch zugute. Dieses Prinzip gilt heute noch bei der Liberalisierung des
Handels im Rahmen der Welthandelsorganisation (WTO). Ein anderes
Beispiel der Kooperation unter den Kolonialmächten war die Kongo-
Konferenz in Berlin, auf der die europäischen Mächte im Jahr 1885 die
Aufteilung Afrikas vereinbarten.

Die Macht der Kolonialmächte reichte weit über ihre unmittelbaren Kolonien hinaus. Unter Ausübung oder Androhung von Gewalt konnten den formal souveränen Nationen wie China ungleiche Verträge aufgezwungen werden. Diese beinhalteten das Prinzip der Exterritorialität, was bedeutet, dass die Händler der Kolonialmächte sich nicht der lokalen Gerichtsbarkeit unterstellen mussten. Die Kirchen erhielten die Freiheit zu missionieren. Die Macht der Kolonialmächte speiste sich zudem aus der Kontrolle der Seewege und des Kapitals. Großbritanniens Flotte und ein weltumspannendes Netz an Stützpunkten erlaubte die Kontrolle über die Weltmeere und Handelsströme. Das Frachtgeschäft war fest in der Hand von Unternehmungen aus den Kolonialmächten. Der mittlerweile angehäufte Reichtum war zudem eine wichtige Finanzierungsquelle für den Fernhandel und für die Investitionen in die örtlichen Transportinfrastrukturen. Schuldnern, die nicht zurückzahlen konnten, wurden ebenfalls Knebelverträge aufgezwungen. In einigen Fällen griffen die Gläubiger direkt auf die Steuereinnahmen des verschuldeten Staats zu, z.B. konnten sie 1895 über 14% der Staatseinkünfte des osmanischen Reichs verfügen. Hier sind Parallelen sichtbar zum Verhalten der Gläubigerstaaten seit der Schuldenkrise der Achtzigerjahre (→ Kapitel 7). Wie in heutigen Zeiten verfügten die damaligen Unternehmen über das notwendige Know-how bei der Erschließung von Rohstoffquellen und dem Aufbau einer industriellen Infrastruktur. Dies erleichterte ihnen den Erwerb von Bergbaulizenzen.

Das Verbot der Sklaverei beendete nicht die Nachfrage nach billigen Arbeitskräften. Vornehmlich strömte nun die im Prozess der Industrialisierung verarmte Bevölkerung Europas nach Süd- und Nordamerika. Die Missionierung hörte auch im Zeitalter des industriellen Imperialismus nicht auf; zum Katholizismus gesellte sich der Protestantismus.

## Entkolonialisierung

Aus europäischer Sicht gilt der Erste Weltkrieg (1914–1918) als entscheidender Einschnitt in den Globalisierungsprozess. Handel und Kapitalströme zwischen den verfeindeten Nationen brachen stark ein und die vor dem Krieg geltende Weltwirtschaftsordnung konnte nicht wiederbelebt werden. Die Reiche der Habsburger, Zaren und osmanischen Sultane zerfielen in Einzelstaaten und die Migration in die USA kam weitgehend zum Erliegen. Doch da die Kolonien nicht in die Freiheit entlassen wurden, änderte sich für den Rest der Welt deutlich weniger.

Aus Sicht dieser Länder war die Weltwirtschaftskrise ab 1929 eine erste entscheidende Zäsur, zum einen weil die Kolonialmächte ihre Imperien gegeneinander abschotteten, was für exportorientierte Länder ohne Imperien wie die Staaten Lateinamerikas die Wirtschaftskrise drastisch verschärfte. Zum anderen gewährte England mit dem Westminster-Statut von 1931 seinen „weißen" Siedlungskolonien Unabhängigkeit, was Kanada als erstes Land in Anspruch nahm.

Die Kolonien mit vornehmlich nicht-europäischer Bevölkerung konnten sich erst nach dem Zweiten Weltkrieg, zumeist nach langen Widerstandskämpfen und als Folge spezifischer weltpolitischer Konstellationen, befreien. Zuerst waren die bevölkerungsreichen Kolonien in Asien erfolgreich, und zwar Indien und Pakistan (1947), Indonesien (1949) und Vietnam (1954). Zum Erfolg trug bei, dass Japan die Kolonien der westlichen Mächte im pazifischen Krieg überrannt und somit deren Aura der Unbesiegbarkeit zerstört hatte. Der Zweite Weltkrieg endete für Großbritannien mit hohen Schulden gegenüber den USA und Indien, die aus unterschiedlichen Gründen am Zerfall des britischen Imperiums Interesse hatten. Wie im Westminister-Statut bereits sichtbar geworden war, bestanden in England selbst erhebliche Zweifel an der Rechtmäßigkeit des Kolonialbesitzes und am Nutzen von Kolonien. Die erfolgreiche Revolution in China (1949) war insbesondere für Vietnam bedeutsam, inspirierte aber insgesamt die Befreiungsbewegungen der Welt.

Nach Afrika kam die Freiheit deutlich später. Die Franzosen verließen Afrika erst nach dem blutigen Krieg mit Algerien (1962). Die Befreiung der englischen Kolonien in Afrika erfolgte unblutig und begann in Ghana (1957). Weltpolitisch spielte hier der Ost-West-Konflikt eine Rolle, da die Befreiungsbewegungen auf die Unterstützung der Sowjetunion zählen konnten. Kurz vor Ende des 2. Jahrtausends gewannen mit dem Untergang der Sowjetunion auch die Kolonien des Zarenreichs, die als abhängige Republiken in die Sowjetunion eingegliedert geblieben waren, ihre Freiheit (1991).

## Weiterführende Literatur

**Frank, André Gunder (1998)**. ReOrient: Global Economy in the Asian Age. Berkeley, Los Angeles, London
**Landes, David S. (1999):** Wohlstand und Armut der Nationen. Berlin
**Wendt, Reinhard (2007):** Vom Kolonialismus zur Globalisierung Europa und die Welt seit 1500. Paderborn

# 3

## Globalisierung: Neues oder altes Phänomen?

*Das Ausmaß an Globalisierung erlitt durch die beiden Weltkriege und die Weltwirtschaftskrise im 20. Jahrhundert einen empfindlichen Rückschlag. Die Förderung der Binnennachfrage durch eine Koppelung der Löhne ans Produktivitätswachstum bescherte dennoch hohes wirtschaftliches Wachstum. Erst seit den Siebzigerjahren nimmt die Bedeutung des Außenhandels wieder rasch zu, so dass es zu einer zweiten Globalisierung kommt.*

*Zugleich stellt sich die Frage nach dem Verhältnis von Europäisierung und Globalisierung. Bisher ging die Erleichterung grenzüberschreitender Wirtschaftsaktivitäten innerhalb Europas mit dem Abbau von Hindernissen für den Wirtschaftsverkehr mit außereuropäischen Unternehmen einher, wenngleich auch die Beseitigung der Hindernisse innerhalb Europas schneller voranschritt. Die europäische Binnenmarktpolitik treibt selbst wiederum die Globalisierung an.*

### Was ist neu an der heutigen Globalisierung?

Der Hinweis auf die kolonialen Wurzeln der Globalisierung reicht nicht aus, um die neue Qualität der Globalisierung seit den Achtzigerjahren anzuzweifeln. Schließlich ist die Entkolonialisierung weitgehend abgeschlossen, fast alle Bevölkerungen dieser Erde, die sich als eigenständige Nationen verstehen, verfügen heute über ihren eigenen Staat (Ausnahme: z.B. die Kurden). Zudem ist die Industrie nicht mehr auf Europa und die europäischen Siedlungsgebiete beschränkt. Was Manchester im 19. Jahrhundert und Detroit im 20. Jahrhundert waren, nämlich die Werkstätten der Welt, ist im beginnenden 21. Jahrhundert das südchinesische Shenzhen. Auch lässt sich heute Geld in Sekundenschnelle von einer *Global City* zur anderen überweisen.

Doch wirtschaftshistorische Forschung ergab, dass sich der Grad der Internationalisierung der Volkswirtschaften um die Jahrtausendwende kaum von dem erreichten Stand zur vorherigen Jahrhundertwende, also von vor 100 Jahren, unterscheidet. Tatsächlich erreichte das Exportvolumen der führenden Industrienationen erst in den Neunzigerjahren einen Anteil an den gesamten Wirtschaftsaktivitäten (gemessen am Bruttoinlandsprodukt) wie in der Zeit unmittelbar vor dem Ersten Weltkrieg (Bordo et al. 1999). Gleichwohl halten viele GlobalisierungsforscherInnen an der These fest, dass die heutige Globalisierung eine neue Qualität auszeichnet (Brock 2008). Dieser Kontroverse wollen wir im Folgenden nachgehen. Wird mit Globalisierung tatsächlich ein qualitativ neuer Abschnitt gesellschaftlicher Entwicklung beschrieben oder unterscheidet sich die heutige Periode allein quantitativ von der bisherigen Entwicklung? Eine Frage, die sich daran anschließt, ist, ob die engen Wirtschaftsbeziehungen innerhalb Europas auf die Nachrangigkeit der Globalisierung hindeuten.

## Weltwirtschaftliche Verflechtung vor dem Ersten Weltkrieg

Nicht nur der Warenhandel, sondern auch der Kapitalverkehr war damals schon international entwickelt: Investitionen in Produktions- und Verkaufsanlagen (Direktinvestitionen) wurden ebenso grenzüberschreitend getätigt wie der Kauf von Staats- und Unternehmensanleihen (Portfolioinvestitionen) sowie die Vergabe von Krediten. Auch technologische Errungenschaften überschritten recht rasch nationale Grenzen. Ein gutes Beispiel ist das Telefon, das fast zeitgleich auf beiden Seiten des Nordatlantiks erfunden wurde und dessen weitere Entwicklung durch technologischen Austausch vorangetrieben wurde.

Auf einem Markt war die Internationalität sogar wesentlich ausgeprägter als heute, nämlich auf dem Arbeitsmarkt. Die internationale Mobilität der Arbeitskräfte nahm damals einen verhältnismäßig wesentlich größeren Umfang an. Beispielsweise erreichte in absoluten Zahlen die Migration in die USA erst in den Neunzigerjahren das Niveau von vor dem Ersten Weltkrieg. Im Verhältnis zur Gesamtbevölkerungszahl fällt selbst für die USA als das liberalste Einwanderungsland unter den heutigen Industrienationen die Zuwanderung deutlich geringer aus als vor 100 Jahren: 3 Prozent gegenüber 10 Prozent. Durch die großen Kolonialreiche der europäischen Mächte, allen voran Großbritannien, wurden außerdem politische Entscheidungen zentral für weltweit verstreute Gebiete getroffen.

## „Fordistische Pause" der Globalisierung

Was war im 20. Jahrhundert geschehen? Warum konnte der vor dem Ersten Weltkrieg erreichte Stand nicht gehalten werden? Beginnend in den Jahren 1914–1918 und verschärft durch die Weltwirtschaftskrise ab 1929 brach der Weltmarkt im Zweiten Weltkrieg vollends zusammen. Zugleich wurden Vorstellungen populär, dass wirtschaftlicher Wohlstand nicht primär durch Teilnahme an der internationalen Arbeitsteilung erreicht werden könne. Daraus folgte für einige Länder die Idee von einer autarken Großraumwirtschaft angrenzender Länder. Im Falle des nationalsozialistischen Deutschlands sollte die Großraumwirtschaft Kontinentaleuropa und Sibirien umfassen, im Falle Japans China und den südostasiatischen Raum. In beiden Situationen wurde diese Vorstellung nach innen mit diktatorischen und nach außen mit kriegerischen Methoden verfolgt. Frankreich und England setzten dagegen vor allem auf ihre bereits eroberten Kolonialreiche. Mittels so genannter Zollpräferenzen, die die Handeltreibenden innerhalb des Kolonialreichs gegenüber den Außenstehenden bevorzugten, und der eigenen Währung sollten diese zu einem Wirtschaftsblock zusammengeschmiedet werden.

Von den großen Mächten hielten allein die USA am offenen Weltmarkt fest. Sie setzten weiterhin auf ihre „Open Door"-Politik, die den freien Zugang zu allen Ländern sichern sollte. Gleichwohl gaben sie der Entwicklung ihres eigenen, sehr großen Binnenmarkts Vorrang. Dabei bedienten sie sich der Ideen des englischen Ökonom Lord Maynard Keynes (1883–1946). Laut Keynes führte die scharfe Konkurrenz in der Krise zu Lohnkürzungen, die eine Schwächung der Nachfrage bewirkten, die wiederum die Konkurrenz verschärften (Keynesianismus). Er riet in einer solchen Situation zu mehr Staatsausgaben, um damit die gesamtwirtschaftliche Nachfrage nach Gütern zu stärken und diese Spirale nach unten zu stoppen. Der Zweite Weltkrieg gab Anlass für eine gewaltige Steigerung der US-Staatsausgaben und führte die USA aus der Wirtschaftskrise heraus. Nach dem Zweiten Weltkrieg sorgten einerseits die bewusste Hinwendung zu den Einsichten Keynes und andererseits eine starke Gewerkschaftsbewegung dafür, dass die staatlichen Ausgaben nicht zu rasch gekürzt wurden und dass die Löhne stiegen. Die Einführung von Sozialkassen sicherte zusätzlich noch die Nachfrage.

Diese Art der Entwicklung des Konsums innerhalb eines Landes (Binnennachfrage) wird auch als „Fordismus" bezeichnet. Der Begriff bezieht sich auf Henry Ford (1863–1947), der 1913 das Fließband in die Automobilproduktion einführte. Diese und weitere Innovationen lösten eine

Produktivitätsrevolution bei der Autoherstellung aus, zur Herstellung eines Autos wurden deutlich weniger Arbeitsstunden als zuvor benötigt. Damit es genügend Leute gab, die sich das Modell T von Ford leisten konnten, trat dieser für Maßnahmen zur Stärkung der wirtschaftlichen Nachfrage ein, wie z.B. für hohe Löhne. Er selbst zahlte diese aber nur, solange er Monopolist für preisgünstige Autos war. Als er von General Motors eingeholt wurde, fielen die von ihm gezahlten Löhne unter den Durchschnitt. Erst das Entstehen starker Gewerkschaften ließ die Beschäftigten von Ford an den Produktivitätsgewinnen teilhaben und brachte ihnen in den Fünfzigerjahren den Wohlstand, der sie zu starken Nachfragern nach Automobilen werden ließ.

Sozialwissenschaftlich ausgedrückt, bezeichnet Fordismus somit eine besondere Wirtschaftsepoche, die auf der relativ gleichläufigen Entwicklung von industrieller Massenproduktion und standardisiertem Massenkonsum der Lohnabhängigen basierte. Die Massenproduktion von Konsumgütern erfolgte auf der Grundlage des fordistischen Produktionsmodells. Dieses beruhte zum einen auf der Rationalisierung der Produktion durch eine feingliedrige Arbeitsteilung (Wiederholung weniger Handgriffe im Rhythmus von Minuten) sowie durch eine rigide Trennung von Arbeitsausführung und -kontrolle (Arbeiter vs. Ingenieure); zum anderen auf einer weitestgehenden Standardisierung von Produkten und Fertigungsprozessen, die den maschinen- oder fließbandgesteuerten Produktionstakt zur Basis der Arbeits- und Leistungsregulierung machten. Zu den gesellschaftlichen Institutionen, die zur Entfaltung der Massenkonsumtion erforderlich waren, gehörte vor allem die Koppelung der Reallohnsteigerungen (Lohnsteigerungen nach Abzug der Preissteigerungen) an das Wachstum der Arbeitsproduktivität. Dies wurde direkt durch Tarifverträge, die sich am gesamtwirtschaftlichen Produktivitätsfortschritt orientierten, gewährleistet, indirekt durch Sozialversicherungen, die Konzentration von Macht einzelner Branchen auf wenige Konzerne (Oligopolisierung) oder staatliche Regulierung wichtiger Märkte, die staatliche Geldpolitik und eine antizyklische Konjunktursteuerung (Wirtschaftspolitik, die in Boomphasen bremst und in Abschwungsphasen Wachstum fördert; Aglietta 1979).

Der Fordismus setzte sich zunächst in den USA durch und galt gerade für die europäischen Länder lange als Vorbild. Deshalb wollen wir seine Merkmale zunächst am Beispiel der USA veranschaulichen. Zur Blütezeit des Fordismus in den USA, d.h. in den Fünfziger- und Sechzigerjahren, spielte der Außenhandel kaum eine Rolle (ca. 4 Prozent des Bruttosozialprodukts). Der grenzüberschreitende Kapitalverkehr wurde zeitweise beschränkt, die ausländischen Tochtergesellschaften boten häufig andere Produkte an (z.B. Opel Kadett anstelle eines Chevy), auf den meisten Märkten des verarbeitenden Gewerbes herrschten feste Oligopole (d.h. eine kleine Zahl von Anbietern, die ihre Preise abstimmen). Den privaten Anbietern von infrastrukturellen Leistungen (vom Stromerzeuger bis hin zur Fluggesellschaft) wurden Serviceniveau und Preise staatlicherseits vorgeschrieben – selbst die Banken konnten ihre Zinsen nicht frei setzen – und die Entwicklung der Tariflöhne spiegelte die Produktivitätsentwicklung wider.

Heute hat der Außenhandel einen Anteil am Bruttoinlandsprodukt von über 23 Prozent, der Kapitalverkehr ist unreguliert. Die Tochtergesellschaften von US-Konzernen sind in eine komplexe internationale Arbeitsteilung integriert. Wo Oligopole herrschen, sind sie international organisiert. Der Infrastrukturbereich ist dereguliert und die Löhne hinken dem Produktivitätswachstums hinterher.

Ab den Sechzigerjahren nahm auch die grenzüberschreitende Mobilität der Arbeitskräfte zu, da 1965 die Einwanderungsbeschränkungen erheblich gelockert wurden. Eine stark vereinfachende Darstellung des Stands der Globalisierung vor dem Ersten Weltkrieg, während der fordistischen Pause und heute vermittelt das Schaubild 7.

**Schaubild 7:** Die „fordistische Pause" der Globalisierung am Beispiel der USA

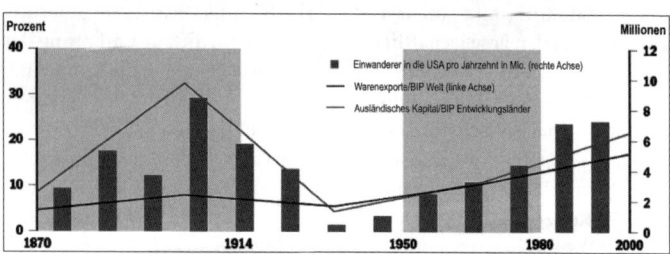

Quelle: International Bank for Reconstruction and Development/World Bank 2002, S. 23

Die europäischen Nationalwirtschaften wiesen ebenfalls diese fordistischen Merkmale auf. Der grenzüberschreitende Kapitalverkehr war lange eingeschränkt, in Italien sogar bis zum Ende der Achtzigerjahre. Nationale Eigenheiten prägten die Industrieprodukte. So verlief die Automobilisierung der Bevölkerung mittels der jeweiligen nationalen Champions: der Käfer in Deutschland, die Ente in Frankreich, das Mäuschen in Italien.

Wenige Anbieter beherrschten die meisten Märkte des verarbeitenden
Gewerbes in den jeweiligen Nationen. Staatliche Monopolunternehmen
boten zumeist Infrastrukturleistungen wie Energieversorgung, Bahnver-
kehr und Strom an. Im Finanzgeschäft hielten staatliche beziehungsweise
öffentliche Institute wie Sparkassen, Genossenschaftsbanken und Landes-
banken bedeutsame Marktanteile. Dank starker Gewerkschaften und
staatlicher Vermittlung folgten die Tariflöhne der Produktivitätsentwicklung. Hinsichtlich eines Merkmals jedoch unterschied sich der Fordismus
in Westeuropa von dem in den USA: Es gab eine stärkere Exportorientierung. An den bereits vor dem Ersten Weltkrieg höheren Stand der Außen-
verflechtung knüpften die meisten westeuropäischen Länder bereits in den
Sechzigerjahren wieder an und erreichten 1973 einen deutlich höheren
Stand (→ Schaubild 1, Kapitel 1). Dieser Unterschied stellte eine zentrale
Voraussetzung für die Übernahme des Fordismus in Westeuropa dar. Bereits in der Zwischenkriegszeit gab es zahlreiche Versuche, die US-amerikanischen Massenproduktionstechniken in Europa einzuführen. Doch
erwiesen sich die Märkte meist als zu klein. Deshalb war die Förderung
des europäischen Einigungsprozesses ein zentrales Anliegen der US-amerikanischen Verwalter des Marschall-Funds zum Wiederaufbau Westeuropas. Die Gründung der Europäischen Wirtschaftsgemeinschaft im Jahr
1958 ermöglichte es den europäischen Unternehmen (sowie den Nieder-
lassungen insbesondere von US-Konzernen) einen wachsenden Massen-
markt effizient zu bedienen.

## Die zweite Globalisierung

Während des Fordismus nahm bereits der weltweite Güter- und Kapitalverkehr zu. Wichtige Stationen dieser zweiten Globalisierung sind im
Serviceteil zusammengefasst. Ein ganz entscheidender Impuls ging von
der Abkehr der osteuropäischen Staaten und der Sowjetunion vom So-
zialismus zwischen 1989 und 1991 aus. Unter sozialistischen Vorzeichen
war der Außenhandel nur schwach entwickelt und politischen Vorgaben
unterworfen. Innerhalb des sozialistischen Lagers galt das Prinzip möglichst großer wirtschaftlicher Eigenständigkeit (Autarkie). Durch verschiedene Boykottmaßnahmen des westlichen, kapitalistischen Lagers
(z.B. nach dem Einmarsch der Sowjetunion in Afghanistan) erhielt dieses Prinzip immer wieder Bestätigung, obgleich der Wunsch nach westlicher Technologie durchaus zu einem Warenaustausch mit dem Westen
führte. Mit dem Fall der Mauer und der Auflösung der Sowjetunion

konnten jedoch kapitalistisch geführte Unternehmen mit nur geringen Beschränkungen auf den Märkten dieser Länder ihre Produkte direkt absetzen, Zugang zu Rohstoffen gewinnen und die dortigen Arbeitskräfte beschäftigen.

Die Volksrepublik China hatte schon einige Jahre zuvor, ohne Machtaufgabe der kommunistischen Partei, mit der Einführung marktwirtschaftlicher Elemente insbesondere in ihren Küstenregionen begonnen, doch die Beteiligung Chinas am Welthandel gewann erst nach 1990 richtig an Fahrt.

Ab Mitte der Neunzigerjahre öffnete sich auch Indien, die bevölkerungsreichste Demokratie der Welt, zwar zögerlich, aber doch bemerkbar gegenüber dem Weltmarkt. Noch 1990 waren 90 Prozent der Wertschöpfung im verarbeitenden Gewerbe durch Mengenbegrenzungen geschützt. 1995 waren es nur noch 36 Prozent und im April 2001 fielen die Einfuhrquoten für das verarbeitende Gewerbe gänzlich fort. Zwischen 1998 und 2007 vervierfachte sich der Wert der indischen Exporte.

Mithin kamen im Laufe der Neunzigerjahre drei große Weltregionen (das ehemals von der Sowjetunion dominierte Lager, China und Indien), in denen fast die Hälfte der Weltpopulation lebt, auf den Weltmarkt. Damit erreichte der Weltmarkt wahrhaftig globale Dimensionen. Nur noch sehr wenige, kaum ins Gewicht fallende Nationen (insbesondere Nordkorea) bleiben auf eigenen Wunsch vom Weltmarkt abgekoppelt.

**Schaubild 8:** Brasilien, Russland, Indien und China (BRIC) in der Weltwirtschaft

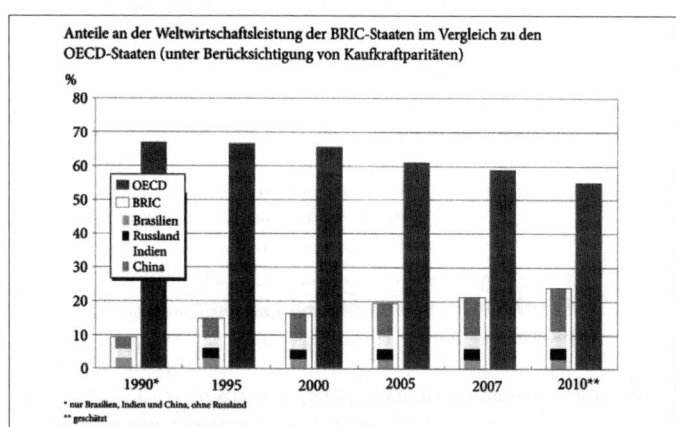

Quelle: Globale Trends 2010, Fischer Taschenbuch Verlag: Frankfurt/M.

# Die Perioden im Vergleich

Gegenüber dem Stand der Globalisierung von 1900 unterscheidet sich die Globalisierung im Jahr 2000 vor allem im Bereich der Produktion. Die Industrieproduktion ist heutzutage auf mehr Standorte auf dem Globus verstreut, die einzelnen Produktionsstätten sind trotz räumlicher Entfernung eng aufeinander abgestimmt und die Produktionsprozesse lassen sich aus der Ferne wesentlich genauer als früher kontrollieren. Kurzum: Die Produktionsverflechtungen sind wesentlich komplexer geworden, wobei die einzelnen Produktionsschritte transparenter und damit vergleichbarer geworden sind. Die Möglichkeit des Vergleichs der einzelnen Produktionsstätten anhand verschiedener Leistungsparameter wie Produktivität und Verarbeitungsqualität setzte diese gerade innerhalb von Konzernverbünden in Konkurrenz zueinander.

Die viel beschworene Beschleunigung der Finanztransaktionen dürfte hingegen keine neue Qualität im Verhältnis zu der Zeit vor dem Ersten Weltkrieg darstellen, denn bekanntlich ist Geschwindigkeit relativ. Im Verhältnis zur damaligen Langsamkeit des Alltags war ein Morsezeichen mindestens so schnell wie heute ein Computerklick. Vielmehr unterscheidet sich die heutige internationale Finanzwelt von der früheren durch ein dichtes Regelwerk und Auffangnetz. Die Zahlungsschwierigkeiten Argentiniens im Jahr 1890 ließen über den Kollaps der Londoner Baring Brothers deutlichere Spuren in den damaligen Metropolen zurück als der zweite Bankrott der Baring Bank 1995 und selbst die Asienkrise der letzten Jahre in den heutigen entwickelten Industrieländern (Kindleberger 1996: 93 & 121). Ohne Zweifel stellen jedoch „vor Ort" solche Krisen heute genauso eine Katastrophe für weite Teile der Bevölkerungen dar wie früher.

Im Vergleich zu 1900 fühlt sich der derzeitige Stand der Globalisierung auch gerade deshalb neu an, weil in einer langen Zwischenphase der jeweilige Nationalstaat so bedeutsam für alle menschlichen Aktivitäten war. Gegenüber dieser Zeit, die vielen in der Bevölkerung noch sehr präsent ist, ist die Globalisierung tatsächlich neu.

Ein systematischer Vergleich der Perioden findet sich im Serviceteil (Globalisierung im historischen Vergleich).

Merksatz

Um zu beurteilen, ob die Globalisierung ein neues Phänomen ist oder nicht, müssen die diversen Dimensionen der Globalisierung in den Blick genommen und zu unterschiedlichen Zeitpunkten verglichen werden. Dabei zeigt sich, dass Warenhandel und Kapitalverkehr schon vor dem Ersten Weltkrieg international entwickelt waren und die internationale Migration auf dem Arbeitsmarkt wesentlich ausgeprägter war als heute. Eine Zäsur in der Globalisierung markiert die „fordistische Pause". Seit den 70er Jahren kommt es zu einer zweiten Globalisierung, wobei deren neue Qualität vor allem im Bereich der Produktion liegt.

## Globalisierung oder Regionalisierung?

**Schaubild 9:** Die Welthandelsströme

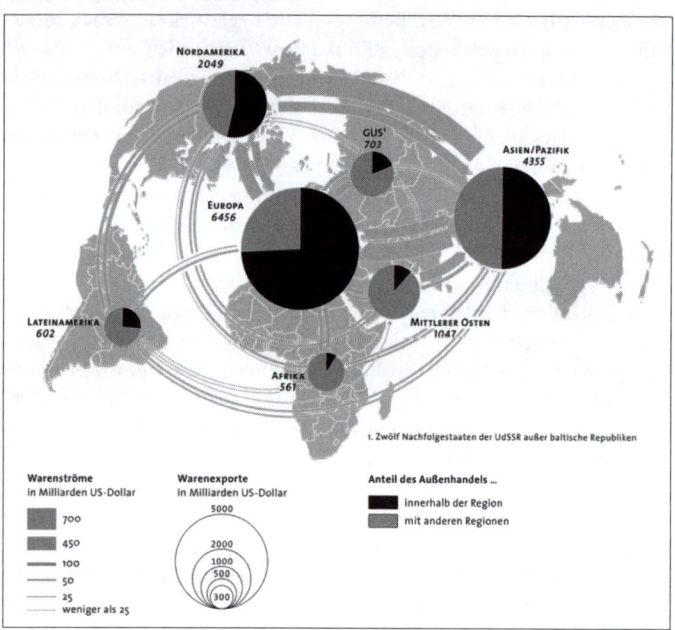

Quelle: Le Monde diplomatique (Hrsg., 2009): Atlas der Globalisierung. Sehen und verstehen, was die Welt bewegt. Berlin: Taz Verlag

Einige Autoren verneinen die Existenz einer globalen Wirtschaft unter Hinweis auf die verhältnismäßig geringe Dichte der Wirtschaftsbeziehungen außerhalb des jeweiligen Pols der zentralen Wirtschaftsräume:

Nordamerika, Westeuropa, Ostasien (Hirst/Thompson 1998). Allerdings finden sich auch innerhalb von Nationalstaaten Regionen, die geringe Verflechtungen zu ihren Nachbarregionen aufweisen, und dennoch wird von nationalen Wirtschaften gesprochen. Gleichwohl ist aus deutscher Sicht Globalisierung vor allem ein europäisches Phänomen, da innerhalb der Europäischen Union traditionelle nationalstaatliche Hindernisse für grenzüberschreitende wirtschaftliche Aktivitäten am stärksten abgebaut wurden. Die wirtschaftliche Verflechtung mit den europäischen Partnerstaaten ist verhältnismäßig weit vorangeschritten.

Deuten die engen Wirtschaftsbeziehungen innerhalb der Regionen auf die Nachrangigkeit der Globalisierung hin? Da die zentralen globalen Wirtschaftsräume in den meisten Wirtschaftsektoren gegenseitig nur noch geringe Zollsätze erheben, entziehen sich die Regionen nur begrenzt der globalen Konkurrenz. Viele transnationale Konzerne sind zudem in diesen drei Regionen aktiv und die Präferenzen der KonsumentInnen haben sich zunehmend angeglichen. Deshalb müssen sich auch Unternehmen, die vornehmlich nur in einer der Regionen ihre Produkte oder Dienstleistungen anbieten, an den im globalen Maßstab leistungsfähigsten Unternehmen messen.

## Tragen regionale Wirtschaftsabkommen zur Globalisierung bei?

Regionale Wirtschaftsabkommen sind populär geworden. In Nordamerika, Südamerika, im südlichen Afrika und nun auch in Südostasien haben sich Staaten in den letzten Jahrzehnten zu Wirtschaftsblöcken verbunden: NAFTA, Mercosur, SADC, ASEAN. Den Grad an wirtschaftlicher Freizügigkeit, der in der Europäischen Union bereits vorherrscht, haben diese Freihandelszonen (früher auch Zollunionen genannt) allerdings noch nicht erreicht.

Lange Zeit lehnten Außenwirtschaftstheoretiker solche regionalen Freihandelszonen mit der Begründung ab, dass regionale Abkommen die Bemühungen um den Abbau von Handelshemmnissen in allen Ländern im Rahmen der multilateralen Verhandlungen des damaligen Allgemeinen Zoll- und Handelsabkommen (GATT, seit 1995 Welthandelsorganisation WTO) unterlaufen. Sie befürchteten, dass der Welthandel in Regionalblöcke zerfallen könnte. Das Schreckgespenst waren die imperialen Blöcke im Anschluss an die Weltwirtschaftskrise von 1929, zwischen denen der Handel weitgehend zum Erliegen kam. Unterhalb dieses extremen Szenarios sahen sie die Gefahr der Handelsumlenkung, also dass Handelspartner, die außerhalb des Freihandelsblocks bleiben, gegenüber jenen innerhalb des gebildeten Blocks schlechter gestellt werden. Die marktvermittelte optimale Form der Arbeitsteilung zwischen den Nationen werde dadurch nicht erreicht (Bhagwati 1993).

Ein Umdenken fand im Laufe der Achtzigerjahre statt. Zum einen speiste es sich aus der mittlerweile gesammelten Erfahrung, dass insbesondere die Europäische Wirtschaftsgemeinschaft (EWG) nicht zu höheren Außenzöllen und stärkerer Abschottung geführt hat. Zum anderen entstand eine „neue" bzw. „strategische" Handelstheorie, die einige der Realität nicht entsprechende Annahmen der traditionellen außenhandelstheoretischen Modelle aufgab (Krugmann 1986). Hierzu gehörte vor allem die Modellannahme von abnehmenden Skalenerträgen. Obgleich internationaler Handel zu steigenden Skalenerträgen, das heißt sinkenden Produktionskosten pro Stück bei steigendem Produktionsvolumen (beispielsweise aufgrund hoher Entwicklungskosten), führen kann, gingen die außenhandelstheoretischen Modelle von abnehmenden Skalenerträgen aus. Die Berücksichtigung steigender Skalenerträge führte jedoch zum Ergebnis, dass Handelsbarrieren für das eigene Land wohlfahrtssteigernd wirken können, denn heimische Unternehmen können rascher in den Genuss der Skalenerträge kommen, wenn die ausländische Konkurrenz in der Einführungsphase vom Markt ferngehalten wird. Sie besitzen dann auf Drittmärkten einen Startvorteil.

Aus Furcht vor protektionistischem Missbrauch distanzierten sich die neuen Außenhandelstheoretiker zunächst von ihren eigenen Einsichten, doch sie erkannten bald, dass die Ergebnisse dieser „realistischeren" Modellierung internationaler Arbeitsteilung auch zur Begründung weiterer außenwirtschaftlicher Liberalisierungsschritte herangezogen werden konnte.

Gerade die Maximierung von Skalenerträgen sei nur bei einer weiteren Spezialisierung im Rahmen des intra-industriellen Handels möglich. Diese bedinge aber den Abbau nicht-tarifärer Handelshemmnisse zwischen Staaten, deren Binnenmärkte begrenzt seien (was im Verhältnis zur USA auf alle europäischen Staaten zutrifft). Deshalb wurde dieses Argument besonders wirkungsvoll zur Begründung der Schaffung eines europäischen Binnenmarktes eingesetzt.

Das Konzept von Wirtschaftsblöcken konnte zudem mit dem multilateralen Ansatz für das globale Handelsregime versöhnt werden. Wenn auf multilateraler Ebene zunächst keine Fortschritte erzielt werden könnten, dann seien bilaterale Liberalisierungsschritte gerechtfertigt, solange sie in einem starken multilateralen System verankert sind. Sie könnten dann den multilateralen Verhandlungen die nächsten Schritte vorgeben. So zielten beispielsweise die Verhandlungen über eine Freihandelszone zwischen den USA und Kanada auf ein multilaterales allgemeines Dienstleistungsabkommen hin, das in der Tat bald folgte (*General Agreement on Trade in Services*, GATS).

Aufgrund der stockenden multilateralen Welthandelsrunde setzen die großen Handelsblöcke seit Mitte des ersten Jahrzehnts des 21. Jahrhunderts auf bilaterale Freihandelsabkommen mit einzelnen Ländern des Südens. In bilateralen Verhandlungen können sie ihr handelspolitisches Gewicht besser zur Geltung bringen als gegenüber allen Mitgliedern der Welthandelsorganisation. Entsprechend gelingt es ihnen, die Märkte einzelner Handelspartner stärker für die bei ihnen ansässigen Unternehmen zu öffnen. Um sicherzustellen, dass diese Freihandelsabkommen die außen vor bleibenden Handelspartner nicht schlechter stellen, müssen diese Abkommen bei der Welthandelsorganisation registriert werden.

Letztlich sind regionale Wirtschaftsabkommen eine Frage der Politik. Freihandel führt zu Gewinnern und Verlierern auf dem Markt und die Verlierer sind weniger geneigt, dass Marktergebnis hinzunehmen, wenn die Gewinner außerhalb ihres Kulturkreises und insbesondere außerhalb von institutionellen Formen des Ausgleichs zwischen Gewinnern und Verlierern stehen. Im modernen Nationalstaat wird der Ausgleich über sozialstaatliche Programme zum Teil gewährleistet. Innerhalb Europas sind beispielsweise Strukturfonds aufgelegt worden, die den wirtschaftlich schwächeren Regionen bei der Finanzierung von Infrastrukturmaßnahmen helfen.

## Schützt die Europäische Union vor der Globalisierung?

Die Europäische Union strebte in ihrer Lissabon-Erklärung von 2000 an, bis zum Jahr 2010 zum „wettbewerbsfähigsten und dynamischsten wissensbasierten Wirtschaftsraum" der Welt aufsteigen zu wollen. Dieses Ziel pries sie als eine angemessene Antwort auf die Globalisierung an. Selbst wenn die Europäische Union dieses Ziel erreicht hätte, was ihr allerdings nicht gelang, dann hätte sie nur den Vorteil daraus gezogen, durch wissensbasierte Monopolgewinne den meisten Nutzen aus der Globalisierung ziehen zu können. Doch eine solche rein am Wettbewerb orientierte Politik verschärft den globalen Wettbewerb. Rückblickend ist genau dies geschehen. Die anderen Regionen blieben ebenfalls nicht stehen.

In den Achtzigerjahren wurden außerhalb Europas Befürchtungen laut, dass die Staaten der Europäischen Gemeinschaft mit der geplanten Schaffung eines Binnenmarktes („Europa 1992") eine „Festung Europa" schaffen würden, die von Unternehmen außerhalb Westeuropas nicht „erklommen" werden könnte. Doch diese Befürchtungen erwiesen sich als unbegründet. Gerade US-amerikanische und japanische Großunternehmen profitierten vom Abbau von Handelshindernissen innerhalb Europas. Aufgrund ihrer Präsenz in mehreren europäischen Ländern (z.B. GM, Ford) verfügten sie über einen Startvorteil gegenüber europäischen Konzernen, die meist nur in ihrem jeweiligen Stammland eine starke Marktposition innehatten (z.B. Fiat).

Einer der Gründe für den Gleichlauf von Europäisierung und Globalisierung ist, dass im europäischen Vereinigungsprozess die Geschäftswelt eng mit der Europäischen Kommission zusammenarbeitet, während zivilgesellschaftliche Gruppierungen, insbesondere Gewerkschaften, noch wenig geübt sind, länderübergreifend die Interessen der Lohnabhängigen wirkungsvoll in Brüssel, dem Sitz der Kommission, zu vertreten.

## Weiterführende Literatur

**Altvater, Elmar / Mahnkopf, Birgit (2007):** Grenzen der Globalisierung. Ökonomie, Ökologie und Politik in der Weltgesellschaft. 7. Auflage. Münster

**Bieling, Hans-Jürgen (2010):** Die Weltordnungspolitik der Europäischen Union. Wiesbaden

**O'Brien, Robert / Williams, Marc (2010): Global Political Economy:** Evolution and Dynamics, 3. Auflage. Basingstoke u.a.

**Werlen, Benno (2007):** Globalisierung, Region und Regionalisierung. Sozialgeographie alltäglicher Regionalisierungen, 2. Auflage. Stuttgart

# Globalisierung: Zwangsläufig oder gesteuert?

*Der Konkurrenzmechanismus im Kapitalismus drängt einerseits zum grenzüberschreitenden Wirtschaften. Andererseits besteht gerade deshalb für die weniger wettbewerbsstarken Länder ein starker Anreiz, sich gegenüber der erfolgreicheren ausländischen Konkurrenz abzuschotten. Daraus folgt, dass die Globalisierung nicht zwangsläufig ist. Warum die Globalisierung zum vorherrschenden Trend wurde, erklären andere Faktoren: die Überzeugungskraft der Freihandelsdoktrin, der Durchsetzungswille der stärksten Handelsnation, das Vorhandensein von „Trittbrettfahrern" und das Interesse an unternehmerischer Freiheit. Der häufig genannte technische Fortschritt ist dagegen nur eine notwendige, aber keine hinreichende Bedingung der Globalisierung.*

Von BefürworterInnen, aber auch von KritikerInnen wird die Globalisierung als zwangsläufig und unvermeidbar dargestellt. Ein Zitat des ehemaligen BDI-Präsidenten mag dies unterstreichen:

„Übrigens, wenn wir über die Globalisierung sprechen, dann müssen wir uns erst einmal darüber im Klaren sein, dass wir an der Globalisierung nichts ändern können. Wenn es jetzt draußen regnet, dann nützt es auch nichts, dass wir schimpfen. Wir müssen uns einen Regenschirm mitnehmen und nicht nackt nach draußen laufen und sagen, eigentlich müsste es warm und trocken sein. Und so ist es bei der Globalisierung auch." (Henkel 2001)

Demgegenüber betonen andere, dass die Globalisierung ein Ergebnis von gesellschaftlichen Auseinandersetzungen ist, die allerdings von vorausgegangenen Entwicklungen geprägt sind. Diese Prägungen wollen wir hier kurz darstellen. Die politischen Entscheidungen in der Nachkriegszeit werden im folgenden Kapitel vorgestellt.

## Konkurrenz als treibende Kraft

Die kapitalistische Wirtschaftsordnung, die auf Privateigentum an Produktionsmitteln und freier Lohnarbeit basiert, tendiert zur Internationalisierung. Für Kaufentscheidungen ist (im Prinzip) nicht die Herkunft oder die Hautfarbe der jeweiligen Warenbesitzerin ausschlaggebend, sondern das Preis-Leistungs-Verhältnis ihrer Waren im Vergleich zur Konkurrenz. Die Aussicht auf Profit und der Konkurrenzdruck schaffen Anreize, Unterschiede zwischen einzelnen Wirtschaftsräumen auszunutzen, sei es durch das Angebot von Waren oder durch die Nachfrage von Waren bzw. Arbeitskräften, die im eigenen Wirtschaftsraum entweder gar nicht oder nur zu höheren Preisen angeboten werden. Wie tief verankert die Praxis ist, auf Preissignale ohne Rücksicht auf die Herkunft des Produkts zu reagieren, zeigt sich bei den vielen KonsumentInnen, die sich zwar in Umfragen für „fair" gehandelte Waren aussprechen (→ Kapitel 9), aber beim Kauf sich dann doch für die billigere Variante entscheiden.

Warum steckt in der Konkurrenz ein Zwang zur Expansion, zur grenzüberschreitenden Suche nach Absatzmärkten und Produktionsstätten? Die Konkurrenz bewirkt, dass die in eine Unternehmung investierten finanziellen Mittel rasch an Wert verlieren, wenn diese am Markt nicht mehr mithalten kann. Verliert ein Unternehmen seine Wettbewerbsfähigkeit, dann kann es seine Produkte nicht zu einem Preis verkaufen, der für die Rückzahlung der investierten Mittel ausreicht. Schon allein zur Vermögenssicherung muss es bestrebt sein, mit der Konkurrenz mitzuhalten. Dazu bedarf es der Einführung neuer Produktionstechniken, neuer Produkte, neuer Organisationsformen etc. Die Senkung der Produktionskosten pro Stück wird zumeist mittels vermehrten Maschineneinsatzes erreicht. Die Größenvorteile, auch Skalenerträge genannt, bedeuten: Je mehr Produkte abgesetzt werden können, desto stärker können insgesamt die Preise pro Maßeinheit gesenkt werden (bzw. desto höher sind die Profite). Besonders ausgeprägt sind die Skalenerträge bei der Entwicklung von Software: Die Entwicklungskosten eines neuen Programms sind sehr hoch, doch beim Verkauf des Programms an einzelne Kunden entstehen bei jedem weiteren Kunden fast nur Kosten für die CD-ROM, auf der das Programm gespeichert ist, und für den Versand. Mit anderen Worten, um die ursprünglichen Entwicklungskosten wieder „reinholen" zu können, müssen möglichst viele Einheiten des Programms verkauft werden. Somit besteht ein Anreiz, Absatzmärkte auch jenseits der Grenzen zu finden.

An Stelle von oder in Verbindung mit Investitionen in neue Produktionstechniken kann allerdings Wettbewerbsfähigkeit auch gesichert werden, indem billigere Zulieferer oder Arbeitskräfte gefunden, beziehungsweise diese zu Preis-/Lohnsenkungen gezwungen werden. Diese günstigeren Arbeitskräfte und Zulieferer finden sich häufig gerade jenseits der Grenzen, und zwar weil entweder dort das Lohnniveau niedriger ist oder weil die dortigen Zulieferer dank ihrer Spezialisierung Größenvorteile und damit Kostenvorteile aufweisen.

## Konkurrenz als bremsende Kraft

Der Konkurrenzmechanismus, der die grenzüberschreitende Arbeitsteilung vorantreibt, ist jedoch zugleich auch eine Ursache von Grenzziehungen. Diejenigen, die im Wettbewerb nicht mithalten können, werden versucht sein, die Konkurrenz von ihrem heimischen Markt fernzuhalten.

Die Eindämmung oder Ausschaltung von Konkurrenz kann auf unterschiedlichen Wegen erfolgen. Das klassische Mittel ist der staatliche Protektionismus zugunsten der heimischen Industrie in Form von Einfuhrverboten, mengenmäßigen Einfuhrbeschränkungen (Kontingenten) und Zöllen. Im Laufe der Zeit sind noch weitere Instrumente entwickelt worden, insbesondere können nationale technische Standards sowie bürokratische Hürden die ausländische Konkurrenz behindern (so genannte nichttarifäre Handelsbarrieren).

Keines der heute führenden Industrieländer hat im Laufe seiner Industrialisierung auf protektionistische Instrumente verzichtet. Selbst England, das Geburtsland der industriellen Revolution, hat sich zu Beginn seiner industriellen Entwicklung im späten 18. Jahrhundert gegen die holländischen Textilmanufakturen geschützt. Wenig später hat es die eigenen Kolonien daran gehindert, selbst Industrien zu entwickeln. Wenige Jahrzehnte nach ihrer Unabhängigkeit im Jahr 1783 haben die Vereinigten Staaten von Amerika die Entwicklung ihrer eigenen Industrie mittels einer Hochzollpolitik geschützt (ab 1824). In der Nachkriegszeit hat Japan sich lange vor ausländischer Konkurrenz geschützt und durch vielerlei staatlichen Maßnahmen die eigene Industrie gefördert. Damit wurde Japan Vorbild für die anderen ostasiatischen Exportländer (insbesondere Südkorea, Taiwan, Malaysia), die ebenso ihre Exporte auf Kosten der Importe förderten. Das dynamischste Exportland des ausgehenden 20. Jahrhunderts, die Volksrepublik China, folgte gleichfalls diesem Beispiel.

Die Behinderung des Wettbewerbs kann allerdings auch privat erfolgen, indem sich die Konkurrenten untereinander absprechen, also ein Kartell bilden. In der Zeit zwischen den beiden Weltkriegen haben die Großunternehmen in vielen Branchen den Markt nach Weltregionen unter sich aufgeteilt (beispielsweise in der Elektroindustrie mittels der *International Electrical Association*). Auch heute kommt es immer wieder zu solchen Absprachen, die aber im Unterschied zu damals nicht als legitim angesehen werden und, soweit bekannt, von den Kartellbehörden verfolgt werden. Die Regierungen einzelner Nationen können für ihre Unternehmen solche Absprachen treffen. Ein bekanntes Beispiel ist das Kartell der Erdöl fördernden Nationen OPEC (Organisation Erdöl exportierender Länder).

Auch wettbewerbsstarke Unternehmen nutzen staatlichen Schutz, und zwar insbesondere gegenüber Nachahmern. Viele Produkte, die unter einem hohen Aufwand an Forschung und Entwicklung entstanden sind, können nämlich mit deutlich geringeren Kosten nachgeahmt werden. Zu diesen gehören insbesondere Arzneimittel und Software. Die Nachahmer verfügen deshalb über einen Konkurrenzvorteil. Mittels staatlichen Patentrechts können sich forschungsintensive Unternehmen gegenüber ihren Nachahmern schützen. Zwar schützen Patente vor allem die überwiegend im Norden ansässigen Unternehmen, die diese Patente besitzen (nur 3% der 2006 angemeldeten Patente stammte von Unternehmen aus Nicht-OECD-Ländern), vor nachholender Konkurrenz aus dem Süden. Allerdings profitieren deren Beschäftige gleichfalls vom Schutz des geistigen Eigentums.

Somit kann fest gehalten werden, dass der Konkurrenzmechanismus einerseits einen starken Anstoß darstellt, grenzüberschreitend zu exportieren. Andererseits besteht gerade deshalb für die weniger wettbewerbsstarken Unternehmen bzw. Länder ein Anreiz, sich gegenüber der erfolgreicheren ausländischen Konkurrenz abzuschotten.

Diese beiden gegenläufigen Tendenzen tragen zur Erklärung bei, warum sich die Globalisierung seit ihrer Geburtsstunde im 16. Jahrhundert nicht kontinuierlich durchsetzte, sondern es immer wieder auch zu einer Rücknahme grenzüberschreitender Wirtschaftsverflechtungen kam.

Warum hat sich die Globalisierung dennoch meist als stärkere Tendenz erwiesen? Folgende Gründe können als Erklärung für ihre Durchsetzung angeführt werden: die Macht zweier Ideen und der jeweils mächtigsten Handelsnation, das Vorhandensein von „Trittbrettfahrern", das Interesse an unternehmerischer Freiheit sowie schließlich technische Möglichkeiten. Diese Gründe wollen wir im Folgenden erläutern. Der große Stellenwert, den wir Ideen hier einräumen, mag erstaunen, erscheint doch eine technische Errungenschaft wie der Telegraf oder das heutige Internet ein wesentlich handfesterer Faktor der Globalisierung als Ideen zu sein. Sind aber viele Menschen von einer Idee überzeugt, dann lassen sie ihr Handeln von dieser Idee beeinflussen und sind unter Umständen bereit, aktiv die Umsetzung dieser Idee zu befördern.

## Die Macht der Ideen (1): Die Freihandels-Doktrin

Die Idee von den Vorteilen des Handels auch für die vermeintlichen Verlierer stammt von David Ricardo (1772–1823). Seine Theorie der komparativen Kosten besagt, dass internationaler Handel selbst für solche Länder von Vorteil ist, die alle Güter zu höheren Kosten als die anderen Länder herstellen. Sie müssen sich nur auf die Produktion jener Güter spezialisieren, die sie vergleichsweise (komparativ) noch am günstigsten herstellen können. Umgekehrt gilt, dass selbst Länder, die alle Güter zu geringeren Kosten als das Ausland herstellen können, sich gleichfalls besser stellen, wenn sie sich nur auf die Produktion jener Güter spezialisieren, die sie relativ am günstigsten herstellen können. Mit anderen Worten, dadurch dass sich die Handelspartner spezialisieren, optimieren sie insgesamt das Verhältnis zwischen Ressourceneinsatz (Arbeit, Maschinen, Land) und ihrem Warenausstoß. Der heutige Wohlstand basiert darauf, dass die Güter produktiver als früher hergestellt werden können. Die überwältigende Mehrheit der WirtschaftswissenschaftlerInnen stimmt auch heute noch Ricardos Theorie zu.

Gleichwohl kann ein einzelnes Land, bevor es sein optimales Spezialisierungsprofil entwickelt hat, in der Konkurrenz mit wettbewerbsstärkeren Ländern durch die Verdrängung seiner eigenen Industrie empfindliche Beschäftigungsverluste erleiden. Aber selbst wenn es seine optimale Spezialisierung entdeckt und umgesetzt hat, kann sich durchaus herausstellen, dass sich diese Spezialisierung langfristig ungünstig auswirkt, denn nicht von jeder Spezialisierung gehen die gleichen positiven Effekte für die gesamte Volkswirtschaft aus. Ricardo hatte empfohlen, dass sich England auf „Tuch" und Portugal auf „Wein" spezialisiert. Tatsächlich beschritten beide Länder unterschiedliche Wege. Während England sich – nicht zuletzt dank seiner Erfahrungen bei der industriellen Fertigung von Textilien – rasch industriell entwickelte, blieb Portugal bis ins 20. Jahrhundert weitgehend ein agrarisches und damit ein armes, unterentwickeltes Land. Allgemeiner formuliert, ein Land, das sich auf die Kultivierung weniger landwirtschaftlicher Produkte spezialisiert hat, ist nicht nur stärker den Wechselfällen der Witterung ausgesetzt, sondern versäumt durch diese Spezialisierung, wichtige Erfahrungen auf Gebieten des industriellen Fortschritts zu sammeln. Die Entwicklung von technologischen Schlüsselindustrien birgt einige Vorteile. Erstens lassen sich diese weniger schnell nachahmen und zweitens werden sie in vielen Wirtschaftszweigen nachgefragt, sodass mit ihnen höhere Preise und somit höhere Gewinne erzielt werden können. Drittens steigert ihr Einsatz in vielen Bereichen allgemein die Produktivität und somit den Wohlstand (→ Kapitel 3). Schließlich sind sie häufig für die Kriegsführung bzw. für die Verteidigung einsetzbar, wodurch sie sich auch machtpolitisch für ein Land auszahlen. Mithin bestanden für die meisten Länder, nämlich all jene, die nicht an der vordersten Front der industriellen Entwicklung marschierten, immer gute Gründe, sich nicht oder nur begrenzt an die Freihandelsdoktrin zu halten.

Dennoch blieb im Weltmaßstab diese Doktrin sehr erfolgreich, denn sie wurde insbesondere vom jeweils erfolgreichsten und zugleich militärisch stärksten Land propagiert: von Holland, England und seit dem Zweiten 2. Weltkrieg von den USA.

## Die Macht der Ideen (2): Handel als Friedensstifter

Nicht minder einflussreich dürfte die Vorstellung vom Handel als Friedensstifter sein. Vor dem Hintergrund dynastischer und religiöser Kriege zu Beginn der Neuzeit entwickelte sich die Vorstellung vom Handel als einer ruhigen Leidenschaft, von der zudem alle profitieren können (→ Freihandelsdoktrin). Im Unterschied zum Kampf um Ehre oder Glauben erlaubt Handel Kompromisse, denn der aus dem Handel erwirtschaftete Gewinn kann fein dosiert aufgeteilt und verteilt werden. Im Unterschied zum Kampf um territorialen Besitz führt der Handel zu gegenseitigen Abhängigkeiten und damit zum gemeinsamen Interesse an friedlichen Lösungen.

Die Vorstellung vom Handel als Friedensstifter war insbesondere in der Globalisierungsphase von vor 100 Jahren ausgeprägt. Industrielle wie Andrew Carnegie (1835-1919) gaben der wissenschaftlichen Erforschung internationaler Beziehungen mit friedenspolitischer Zielsetzung wichtige Impulse, z.B. durch die Gründung von *Carnegie Endowment for International Peace* und der *World-Peace Foundation* (1910). Doch der

Erste Weltkrieg war dieser Vorstellung abträglich. Viele sahen nämlich den Kampf der damaligen Industrieländer um Einfluss und Absatzmärkte als Ursache für diesen Krieg an. Nach dem Zweiten Weltkrieg beflügelte allerdings die Vorstellung vom Handel als Friedensstifter die Visionäre eines vereinten Europas. Die Schaffung eines westeuropäischen Wirtschaftsraumes galt als das geeignete Instrument, die zuvor häufig gegeneinander Krieg führenden Nationen politisch zusammenzuführen. Dieser Friedensgedanke fand beispielsweise seinen Niederschlag in der Präambel des Abkommens über die Organisation für Europäische Wirtschaftliche Zusammenarbeit (OEEC) vom 16. April 1948:

> … in der Annahme, dass eine starke und blühende europäische Wirtschaft … zur Erhaltung des Friedens beitragen wird, in der Erkenntnis, dass ihre Wirtschaftssysteme miteinander verflochten sind und dass der Wohlstand jeder einzelnen Nationen vom Wohlstand aller abhängig ist …

Freilich erhielt das Projekt des gemeinsamen Marktes erheblichen Rückenwind durch die Ost-West-Konfrontation, wie auch die Öffnung des US-amerikanischen Marktes, welche die Verbündeten im Kampf gegen die Sowjetunion stärken sollte. Auch nach dem Ende des Kalten Krieges bleibt Konkurrenzdenken eine wichtige Komponente für die weitere Vertiefung der Integration Europas. Die Konkurrenz besteht diesmal jedoch vor allem in wirtschaftlicher Hinsicht, und zwar gegenüber den USA und dem pazifischen Raum. Hier scheint die Ambivalenz wieder auf, die der wirtschaftlichen Konkurrenz eingeschrieben ist: Den starken Anreizen zur Grenzüberschreitung stehen starke Anreize zu Grenzziehungen gegenüber.

## Einsatz von Gewalt zu Gunsten des freien Handels

Wenngleich Handel gut begründet als ruhige Leidenschaft dargestellt werden konnte, beruhten Handelsbeziehungen nicht immer auf beiderseitigem Konsens (→ Kapitel 2). In neuerer Zeit übten die USA erheblichen Druck auf lateinamerikanische Länder aus, sich dem Weltmarkt zu öffnen. Diese Länder hatten in den Dreißigerjahren begonnen, mittels hoher Zölle auf Industriewaren und strikter Auflagen für ausländische Konzerne den Aufbau einer eigenen Industrie zu fördern. Gegen Ende der Sechzigerjahre begannen sie zudem, Ressourcenextraktionsbetriebe, die in ausländischer Hand waren, zu nationalisieren. Diese Maßnahmen trafen auf den Widerstand der betroffenen, zumeist US-amerikanischen Konzerne. Sie fanden in der Regierung Nixon einen Bündnispartner, die 1973 den Putsch gegen den gewählten Präsidenten Chiles, Salvador Allende, der für die Nationalisierung ausländischer Bergbaubetriebe gegen Entschädigung eingetreten war, unterstützte. Die Machtergreifung durch General Pinochet leitete nicht nur in Chile eine Abkehr von der so genannten Importsubstitutionspolitik ein.

Die Schuldenkrise Lateinamerikas nutzte die Regierung Reagan ebenso wie später die Regierung Clinton die Asienkrise, um die betroffenen Länder zur weiteren Öffnung ihrer Märkte und zur Rücknahme von noch bestehenden Auflagen für ausländische Konzerne zu bewegen. In Zusammenarbeit mit den Internationalen Währungsfonds (IMF) und der Weltbank wurde im Rahmen von Strukturanpassungsmaßnahmen die Vergabe von Krediten daran gekoppelt, dass sich diese Länder stärker für ausländische Anbieter von Gütern und Dienstleistungen öffnen.

## Die Trittbrettfahrer des Freihandels

Selbst Länder, die die Freihandelsdoktrin weniger beherzigten, haben sie selten insgesamt abgelehnt, vielmehr wollten sie diese lediglich nicht für sich selbst angewendet wissen. Für die industriell aufholenden Länder gab es einen einfachen Grund, warum sie sich nicht mit voller Kraft gegen weitere wirtschaftliche Verflechtungen stellten: Sie profitierten vom praktizierten Freihandel des erfolgreichsten und stärksten Landes (auch Hegemon genannt). Sie konnten dort ihre Waren verkaufen, ohne im gleichen Maße (reziprok) ihren eigenen Markt öffnen zu müssen. Wenn es darüber hinaus dem Freihandels-Hegemon gelang, die Märkte anderer Länder zu öffnen, konnte dies ihnen nur recht sein. Für diese Position ist die Haltung der japanischen Regierung in der Nachkriegszeit typisch.

Als Idee und Praxis war der Freihandel nur dann bedroht, wenn es einen solchen Hegemon nicht gab. In der Zwischenkriegszeit war England aufgrund des Ersten Weltkriegs zu geschwächt, um diese Rolle noch weiter ausfüllen zu können. In den USA hingegen, die eine solche Aufgabe eventuell schon hätten übernehmen können, überwogen noch die gesellschaftlichen Kräfte (insbesondere die mittelständische Industrie), die an der bisherigen Schutzzollpolitik festhielten. In der unmittelbaren Nachkriegszeit blieb die Freihandelsdoktrin in den USA weiterhin umstritten, zumal, wie bereits ausgeführt, der Außenhandel nur eine untergeordnete Rolle für die US-amerikanische Wirtschaft spielte. Ausschlaggebend für die Hinwendung zum Freihandel, also zur Öffnung der eigenen Märkte für ausländische Produzenten, waren vielmehr bündnispolitische Überlegungen, z.B. im Rahmen der NATO. Die Öffnung sollte die kriegszerstörten Wirtschaften der Verbündeten gegenüber der Sowjetunion stärken und an die USA binden.

## Das Interesse an unternehmerischer Freiheit

Die bisherigen Ausführungen haben einzelne Regierungen als Vorantreiber der Globalisierung identifiziert. Gerade am Beispiel der USA lässt sich jedoch auch zeigen, dass viele Firmen nicht nur praktisch die politischen Weichenstellungen zu Gunsten der Globalisierung nutzten, sondern auch die Regierungen bei diesen Weichenstellungen kräftig unterstützten. Sie taten dies nicht nur aus den bereits beschriebenen betriebswirtschaftlichen Kalkülen, die Absatzmärkte zu vergrößern und die Produktionskosten durch geringere Löhne bzw. durch den Bezug billigerer Vorprodukte zu senken; in den um das Jahr 1970 zugespitzten innenpolitischen Auseinandersetzungen um die US-Außenwirtschaftspolitik ging es den Unternehmen zudem prinzipiell um ihre Entscheidungsfreiheiten. Dies möchten wir hier etwas näher ausführen.

War in den Fünfzigerjahren, wie bereits erwähnt, der schrittweise Abbau von Handelsbarrieren in der US-Wirtschaft noch umstritten, erhielt gegen Ende der Sechzigerjahre diese Politik breite Zustimmung von fast allen Wirtschaftskreisen. Das geschah allerdings unter der Voraussetzung, dass politisch wichtige Industriezweige (wie z.B. die Stahlindustrie oder Mitte der Achtzigerjahre die Halbleiterindustrie) im Notfall mit staatlichen Schutz rechnen konnten. Ein Grund für die breite Zustimmung war der mittlerweile stärkere Verflechtungsgrad mit dem Ausland. Einige Firmen, wie der Flugzeugbauer Boeing, setzten einen großen Teil ihrer Produkte im Ausland ab, andere, wie beispielsweise der Autohersteller Ford, besaßen große Zweigwerke in fernen Ländern. Große Handelsketten, wie beispielsweise die Firma Sears & Roebuck, kauften vermehrt im Ausland ein. Hersteller einfacher Konsumgüter ließen zunehmend einzelne, besonders arbeitsintensive Produktionsschritte in Ländern mit einem geringeren Lohnniveau herstellen.

Die US-amerikanischen Gewerkschaften, die bis Mitte der Sechzigerjahre zur Stärkung des antisowjetischen Bündnisses die Öffnung der US-amerikanischen Märkte befürworteten, sahen jedoch durch diese Aktivitäten US-amerikanischer Firmen und durch die zunehmende Konkurrenzfähigkeit japanischer und westeuropäischer Unternehmen die Arbeitsplätze ihrer Mitglieder gefährdet. Sie formulierten deshalb ein sehr umfangreiches Maßnahmenprogramm, das die Verlagerung von weiteren Arbeitsplätzen ins Ausland verhindern sollte. Beispielsweise sollten die Gewinne aus ausländischen Operationen von US-Unternehmen besser steuerlich erfasst, der Transfer von Patenten ins Ausland sollte reguliert und die Importe in die USA mengenmäßig beschränkt werden. Obgleich der von ihnen eingebrachte Gesetzesentwurf im Kongress auf breite Zustimmung stieß, konnten sie sich letztlich nicht durchsetzen. Selbst jene Firmen, die zumindest kurzfristig vom gewerkschaftlichen Gesetzesentwurf profitiert hätten, sahen in dem Entwurf einen Anschlag auf ihre unternehmerischen Freiheiten. Ebenso wollten sich die Firmen, die bisher noch nicht international tätig waren, die Möglichkeit offen halten, im Vertrieb, im Einkauf, in der Produktion und bei der Geldanlage grenzüberschreitend zu agieren. Dieses prinzipielle Interesse an einer liberalen Außenwirtschaftspolitik war auch in den folgenden Jahrzehnten immer wieder ausschlaggebend für die Entscheidung zu Gunsten weiterer Liberalisierungsschritte. Wie wir in Kapitel 5 aufzeigen werden, stärken diese Freiheiten das Management der Unternehmen gegenüber den Beschäftigten und ihren Vertretungsorganen.

Das Interesse an der Sicherung und Ausweitung unternehmerischer Freiheiten findet sich ebenfalls unter europäischen Unternehmen. Auf europäischer Ebene ist es der *European Roundtable of Industrialists* und in Deutschland sind es die Spitzenverbände der Wirtschaft, die das Projekt eines europäischen Binnenmarktes mit möglichst wenigen nationalen bzw. supranationalen Auflagen für die Unternehmen vorantreiben. Doch gerade in Deutschland mit seiner traditionellen Exportorientierung und Sozialpartnerschaft kam es im Gegensatz zu den USA bisher noch nicht zu einer breiten gesellschaftlichen Auseinandersetzung um das Maß dieser Freiheiten.

# Technische Möglichkeiten

Zum Schluss soll ein Faktor erwähnt werden, der zumeist als wichtigster Grund der Globalisierung genannt wird: die technische Entwicklung. Transport- und Kommunikationsmittel sind deutlich leistungsfähiger geworden, sodass die Kosten pro Transport einer Wareneinheit bzw. Kommunikationseinheit drastisch gesunken sind. Technik lässt die Hindernisse des Raumes überwinden, sodass die zum Überqueren nationaler Grenzen benötigte Zeit deutlich abnimmt. Die dramatischen Fortschritte in der Computer- und Informationstechnik erlauben weltweit verflochtene Produktionstechnik und Logistik, sekundenschnelle weltweite Finanztransaktionen und sofortige weltweite Preisvergleiche.

Doch längst vor der Erfindung des Computers befand sich die Welt im Globalisierungsprozess. Der technische Fortschritt ist eine notwendige, aber keine hinreichende Bedingung der Globalisierung. Geschwindigkeit ist, wie bereits erwähnt, relativ. Zudem entwickeln sich technische Möglichkeiten nicht fern von der Politik. Zwar sind viele technische Errungenschaften Produkt des Zufalls und einzelner Genies, doch deren breite Anwendung bedurfte zumeist politischer Weichenstellungen. Die Entwicklung wichtiger Schlüsseltechniken wurde aufgrund ihrer militärischen Anwendungsmöglichkeiten staatlich gefördert. Die Entwicklung des Flugzeugs wurde durch die beiden Weltkriege, die öffentliche Post und durch staatliche Hilfen für den Aufbau einer zivilen Luftfahrt gefördert. Auch heute noch unterstützen die meisten Staaten die Luftfahrt, z.B. durch den Verzicht auf Besteuerung von Kerosin, die Subventionierung der Luftverkehrssicherheit und des Flughafenbaus. Die Mikroelektronik wurde ganz massiv vom amerikanischen Staat gefördert. Die anderen Staaten, wie z.B. die Bundesrepublik, unterstützten die Nachahmung der amerikanischen Fortschritte. Das Internet baute einerseits auf einem militärischen Netz und andererseits auf einem öffentlich geförderten, universitären Netz auf.

Die Technik ist deshalb in der Tat nicht der zentrale Faktor der Globalisierung. Gleichwohl: Sind die technischen Möglichkeiten erst einmal gegeben, bestehen aus den oben genannten Gründen für viele gesellschaftliche Akteure Anreize, diese Möglichkeiten auch auszunutzen.

## Weiterführende Literatur

**Candeias, Mario** (2004): Neoliberalismus – Hochtechnologie – Hegemonie. Grundrisse einer transnationalen kapitalistischen Produktions- und Lebensweise. Eine Kritik. Hamburg

**Scherrer, Christoph** (1999): Globalisierung wider Willen? Die Durchsetzung liberaler Außenwirtschaftspolitik in den USA. Berlin

# Entmachtet oder stärkt die Globalisierung den Nationalstaat?

*Globalisierung und Nationalstaat stehen in einem spannungsreichen
wechselseitigen Verhältnis. Dieses ist dadurch gekennzeichnet, dass
sich Aufgaben und Einflussmöglichkeiten von Nationalstaaten im
Zuge der Globalisierung durchaus verändern, was nicht mit einer
Schwächung gleichzusetzen ist. Des Weiteren treiben einzelne Staaten zusammen mit Teilen der Geschäftswelt Globalisierungsprozesse
voran, was nicht heißt, dass diese den Prozess in seiner komplexen
Gänze steuern könnten.*

## Verlust der Souveränität des Nationalstaates?

Die Frage nach den Auswirkungen der Globalisierung auf den Nationalstaat spielt in der wissenschaftlichen und öffentlichen Diskussion eine
prominente Rolle. Während ein Strang der Diskussion den raschen Bedeutungsverlust nationaler Grenzen (Ohmae 1990) prophezeit, zeigt ein
Blick auf das Geschehen an den nationalen Grenzen das Gegenteil. So
sterben jedes Jahr mehrere hundert Menschen bei dem Versuch, über das
Meer in die Europäische Union zu gelangen oder über Land die Südgren-
ze der USA zu überqueren. Hieran wird deutlich, dass nationale Grenzen
sehr wohl noch ernst zu nehmen sind. Entsprechend bezweifelt die globa-
lisierungsskeptische Literatur das nahe Ende des Nationalstaats, manche
gehen sogar von einer Erstarkung einiger Staaten aus (Barrow 2005).

Beide Positionen lassen sich in einer differenzierten Betrachtung zu-
sammenbringen. Im Prozess der Globalisierung bildet sich ein politisches Mehrebenensystem heraus. Dieses ist dadurch gekennzeichnet,
dass einige Staatsfunktionen „nach oben" auf die supra- oder internationale Ebene verlagert werden, viele Funktionen beim Nationalstaat bleiben und manche sogar „nach unten" auf die Ebene von Bundesländern
oder gar von Kommunen verlegt werden (Benz 2004). Deutschland hat
beispielsweise die Handelspolitik an die Europäische Union delegiert,

aber die Zuständigkeit für die Bildungspolitik vollständig den Bundesländern überlassen und die frühere auf Bundesebene verwaltete Arbeitslosenhilfe, nun Arbeitslosengeld II, kann derzeit optional von Kommunen verwaltet werden.

> **Definition**
>
> **Staat: Für ein territorial definiertes Kollektiv allgemeinverbindliche Regeln entwickeln, beschließen, umsetzen und durchsetzen.**

In der politologischen Diskussion stehen die Auswirkungen der Globalisierung auf den Nationalstaat im Vordergrund, insbesondere auf dessen Territorialität, Souveränität und demokratische Partizipationsmöglichkeiten (Beck 1998). Die Definition von Nationalstaaten besagt, dass diese sich räumlich definieren und Kontrolle über Menschen und Ressourcen innerhalb klar abgegrenzter Territorien ausüben. Im heutigen Nationalstaat befinden sich jedoch zunehmend Menschen und Unternehmen, die entweder auch noch der Kontrolle ihrer Ursprungsländer unterliegen oder in anderen Ländern selbst noch präsent sind. Deren eindeutige Zuordnung zu einem Territorium ist demnach nicht mehr gegeben. Das Souveränitätsprinzip besagt, dass Staaten über ein Gewalt- und Steuermonopol verfügen und keine Autorität über sich anerkennen. Faktisch erkennen heute die Mitgliedstaaten der Europäischen Union sogar die Urteile eines Europäischen Gerichtshofs an. Ebenso entscheiden Länder, die von einer der vielen Finanzkrisen der letzten Jahrzehnte erfasst wurden, nicht mehr allein über ihren Staatshaushalt. Aber auch andere Länder werden von Entscheidungen berührt, die außerhalb ihres Territoriums gefällt werden, beispielsweise im Umweltbereich, da Umweltverschmutzungen vor nationalen Grenzen nicht halt machen. Diese Beispiele zeigen, dass die Deckungsgleichheit von Betroffenheit und Mitsprachemöglichkeit, die den demokratischen Nationalstaat kennzeichnet, nicht mehr gegeben ist.

Demnach ergeben sich durch die Globalisierung durchaus Herausforderungen für den Nationalstaat, doch wird unseres Erachtens der Kontrast zur Vorperiode überbetont und die Auswirkungen der Globalisierung auf innergesellschaftliche Kräfteverhältnisse werden zu wenig berücksichtigt, weil die Souveränität der Nationalstaaten in der Zeit vor der Globalisierung in der Literatur überschätzt wird. Souverän waren in der Nachkriegsperiode vornehmlich die USA, die Sowjetunion und die Volksrepublik China. Selbst Großbritannien, die vorherrschende Kolonialmacht des 19. Jahrhunderts (→ Kapitel 2), war aufgrund der weltkriegsbedingten Schul-

den gegenüber den USA (*Lend-Lease*-Kredite) in weltwirtschaftlichen
Fragen in seiner Souveränität eingeschränkt. Im Rahmen des Ost-West-
Konflikts brachte es sein Militär in die unter US-Führung stehende Nord-
atlantische Verteidigungsorganisation (NATO) ein.

Die aus der Entkolonialisierung entstandenen neuen Staaten verblie-
ben zumeist in informellen Abhängigkeitsverhältnissen. Das häufige
Eingreifen der USA in die inneren Angelegenheiten von Staaten, durch
subtilen Druck wie im Falle Frankreichs und Italiens hinsichtlich des
Umgangs mit den dortigen kommunistischen Parteien oder durch Ge-
heimdienstoperationen wie im Falle Guatemalas (1954), legt nahe, dass
die nationalstaatliche Souveränität vor allem dort aufhörte zu existieren,
wo die USA ihre Interessen verletzt sahen. Vergleichbares galt für die
Länder in der Einflusszone der Sowjetunion.

Zudem werden gegenläufige Tendenzen kaum wahrgenommen.
Deutschland beispielsweise erlangte erst kurz vor dem Beginn des Globali-
sierungsdiskurses mit der Wiedervereinigung seine formale Souveränität.
Auch lassen die hohen Transferzahlungen im Zuge der Wiedervereinigung
Zweifel entstehen, ob tatsächlich der wirtschaftspolitische Spielraum auf-
grund der Globalisierung bereits soviel kleiner geworden ist.

Ferner stellt die Forschung zur Vielfalt kapitalistischer Gesellschaften
(*Varieties of Capitalism*: Hall/Soskice 2001) in Frage, ob die Globalisierung
zur Vereinheitlichung wirtschaftspolitischer Optionen führt. Diese zeigt
sowohl theoretisch als auch empirisch auf, dass die Globalisierung die
bereits vorhandenen Spezialisierungen in den einzelnen Wirtschaftsräumen eher verstärkt als vermindert. Analog zur Produktspezialisierung
kann es deshalb auch zu einer Spezialisierung der wirtschaftspolitischen
Institutionen kommen. Diese Theorie überträgt David Ricardos Idee der
gegenseitigen Gewinne vom Welthandel (→ Kapitel 6) auf die institutionelle Ebene. Vergleichbar der Spezialisierung beim Warenhandel, spezialisieren sich die einzelnen Nationen auch hinsichtlich ihres Institutionen-
gefüges, denn die jeweils verfolgte Produktstrategie bedarf ihres eigenen
institutionellen Hintergrundes. So konzentrieren sich die Aktivitäten
deutscher Firmen auf inkrementale (schrittweise) Innovation, weil u.a.
das deutsche Arbeitsrecht und Finanzsystem den benötigten langfristigen
Planungshorizont sichern. In gleicher Weise nutzen US-amerikanische
Firmen die dortigen institutionellen Rahmenbedingungen, wie stark
marktorientierte Arbeitsbeziehungen und dynamische Risikokapital-
märkte, um Strategien „radikaler Innovationen" zu verfolgen.

Diese Entwicklungen machen deutlich, dass der Nationalstaat wesentlichen Veränderungen unterworfen ist. Diese bedeuten jedoch nicht

unbedingt eine Schwächung, sondern sind differenzierter zu betrachten: Während die staatliche Kontrolle grenzüberschreitender Wirtschaftsaktivitäten abnimmt, nehmen zeitgleich in vielen Nationen die staatlichen Kompetenzen zur Überwachung des allgemeinen Verhaltens der Bürger und Bürgerinnen zu (Hirsch 2005). Wichtig bei der Analyse der Veränderungen ist die Tatsache, dass einige Staaten die Globalisierung selbst aktiv fördern, d.h. die Veränderungen bewusst gestalten. Dies werden wir im Folgenden am Beispiel Deutschlands zeigen.

## Deutschland als Protagonist der Globalisierung?

„Die Globalisierung setzt Europa gehörig zu. Ihr prominentestes Opfer ist Deutschland. Der Exportweltmeister bleibt Wachstumsschlusslicht." (Salzburger Nachrichten, 29.04.2005)

Entgegen der im Zitat nahe gelegten Sichtweise der Globalisierung als eine Art Schicksal, dem sich die Staaten beugen müssen, möchten wir betonen, dass die Globalisierung sehr wesentlich auf politischen Entscheidungen beruht. Dabei gingen die Impulse sicherlich auch von anderen Nationen aus. So hat die US-Politik die entscheidenden Anstöße in Richtung Globalisierung geliefert: Gründung zentraler Institutionen des Weltmarkts, wie z.B. internationaler Währungsfonds, Öffnung des eigenen Marktes, Aufbrechen fremder Märkte, Liberalisierung des Kapitalverkehrs etc. Doch die Politik verschiedener Bundesregierungen förderte gleichfalls die aktuellen Globalisierungstendenzen.

In den frühen Siebzigerjahren trug die Bundesbank entscheidend zum Übergang von fixen zu flexiblen Wechselkursen bei: Dies machte Währungssicherungsgeschäfte notwendig, deren Kehrseite Währungsspekulationen sind. Bundeskanzler Helmut Schmidt (1974–1982) leistete der Wende hin zum Vorrang für Geldvermögensbesitzer in Großbritannien und in den USA Vorschub. 1976 setzte er sich dafür ein, dass Großbritannien keinen weiteren IWF-Kredit erhielt. Damit brachte er die damalige Labour-Regierung in politische Schwierigkeiten, die im Wahlsieg der den Markt bejahenden Margret Thatcher mündeten. 1979 bestärkte er den damaligen US-Zentralbankchef Paul Volcker in seinem Vorhaben, die Zinsen nachhaltig hochzusetzen und dafür Arbeitslosigkeit in Kauf zu nehmen.

Helmut Kohls Regierung (1982–1998) trat für die Kapitalmarktliberalisierungen insbesondere in Europa ein und unterstützte ein internationales Abkommen zu Investitionen (MAI), das, wäre es nicht am Einspruch Frankreichs gescheitert, Investoren das Recht verliehen hätte, bei Einschränkungen ihrer Handlungsmöglichkeiten gegen Regierungen zu klagen. Unter der grün-roten Regierung von Gerhard Schröder (1998– 2005) wurden etliche Gesetze zur Lockerung der staatlichen Aufsicht auf den Finanzmärkten verabschiedet.

Nicht zuletzt setzen die Exporterfolge der deutschen Wirtschaft die Handelspartner unter Anpassungsdruck. Die hohen Exportüberschüsse sind das sichtbare Zeichen dafür, dass Deutschland nicht im gleichen Umfang aus den anderen Ländern Waren bezieht. Die Wachstumschancen der Handelspartner werden damit begrenzt und zugleich müssen diese Partner ihre Industrien wettbewerbsfähiger machen, sei es durch Effizienzsteigerungen oder Lohnzurückhaltungen. Zu DM-Zeiten konnten sich die westeuropäischen Nachbarländer noch durch Abwertung ihrer Währungen ein Stück weit der deutschen Konkurrenz erwehren, doch im Zeitalter des Euro sind sie dieser Konkurrenz voll ausgesetzt. Die Finanzkrise Griechenlands 2010 zeugt davon.

Mithin wirkt die Globalisierung nicht nur auf Deutschland ein, vielmehr ist dieser Nationalstaat wie viele andere Staaten dieser Welt gleichfalls aktiver Förderer der Globalisierung.

## Internationalisierung des Staates?

Die Zunahme an Kompetenzen auf der zwischen- und internationalen Ebene wird mit Begriffen wie „Regieren jenseits des Staates" (Zürn 1998) oder auch *Global Governance* (s.u.) bezeichnet. Wir bevorzugen den Begriff „Internationalisierung des Staates" (Brand et al. 2007), da er auch Aufmerksamkeit auf Prozesse innerhalb des Nationalstaats lenkt. So findet die Orientierung der Wirtschaftspolitik an der internationalen Wettbewerbsfähigkeit in den Nationalstaaten selbst statt. Dies geschieht häufig auf Kosten anderer Ziele wie beispielsweise dem des sozialen Ausgleichs. Hirsch (2005) bezeichnet diesen Umorientierungsprozess als eine Transformation des keynesianischen Wohlfahrtsstaats zum „internationalisierten Wettbewerbsstaat". Hieran wird deutlich, dass die am globalen Wettbewerb ausgerichteten nationalen Staaten die Internationalisierung im Inneren nachvollziehen.

Zugleich kann eine Verlagerung staatlicher Funktionen auf die zwischen-, supra- und internationale Ebene beobachtet werden. Allerdings ist dies kein völlig neues Phänomen, auch nicht im Verhältnis zur direkt vorgängigen Periode, dem Fordismus. Den Kern moderner Staatlichkeit, die Verteidigung des Territoriums nach außen, haben die westeuropäischen Staaten in der Nachkriegszeit als erstes internationalisiert, und zwar in Form der bereits erwähnten NATO (1949), während die Gründung der Europäischen Wirtschaftsgemeinschaft erst 1957 erfolgte. Dies wiederholte sich im Falle der osteuropäischen Staaten nach dem Ende der Sowjetunion. Die Ersten dieser Staaten traten der NATO bereits 1999 bei, der EU erst 2004. Durch das Schengener Abkommen von 1985 wurde zudem schrittweise unter europäischen Staaten eine andere wichtige Staatsfunktion, nämlich die Grenzkontrolle, vergemeinschaftet.

Im Kernbereich der Wirtschaft, dem Geld, ging ebenso die politische Internationalisierung der weltwirtschaftlichen Verflechtung voran. Die westlichen Industriestaaten überließen auf der Konferenz von Bretton Woods 1944 die Bestimmung des Außenwerts ihrer Währungen dem Internationalen Währungsfonds. In einem fixen Währungsregime kann eine autonome Geldpolitik nur dann betrieben werden, wenn zusätzlich noch der grenzüberschreitende Kapitalverkehr kontrolliert wird. Da Anfang der Siebzigerjahre die US-amerikanische Geschäftswelt solche Kapitalverkehrkontrollen ablehnte, verabschiedeten sich die USA in der Hoffnung auf erhöhte wirtschaftspolitische Souveränität vom fixen Währungsregime (Scherrer 2003).

In einem anderen wirtschaftspolitischen Kernbereich des Staates, nämlich der Steuerpolitik, machen – trotz hoher Steuerausfälle aufgrund von Steuerflucht – internationale Absprachen nur geringe Fortschritte (Wahl 2005).

Diese Beispiele deuten daraufhin, dass die Verteilung staatlicher Kompetenzen im Mehrebenensystem ein gesellschaftlich umkämpfter Prozess ist, der weder einer linearen noch einer an den Erfordernissen orientierten Logik folgt.

## Global Governance in der Zivilgesellschaft?

Ihren politischen Ausdruck findet die Globalisierung in der Entstehung eines Mehrebenensystems, welches in der Literatur zumeist als *Global Governance* bezeichnet wird. Der Begriff *governance* unterscheidet sich von dem Begriff *government*, welcher für den hierarchischen, zentralistischen und dirigistischen Charakter traditioneller staatlicher Steuerungsformen steht. *Governance* bezeichnet dagegen dezentrale, netzwerkartige Formen der Steuerung. Auf globaler Ebene bedeutet dies, dass Steuerung nicht allein durch Vereinbarungen unter nationalen Regierungsvertretern erfolgt, sondern dass eine Vielzahl von zivilgesellschaftlichen Akteuren und privaten Institutionen zur Problembearbeitung einbezogen sind.

Jedoch haben sich im Bereich der weltwirtschaftlichen *Governance* die Hoffnungen auf ein stärkeres Mitspracherecht zivilgesellschaftlicher Gruppierungen bisher nicht erfüllt. Lediglich die Geschäftswelt nimmt Einfluss auf die *Global Governance*. Dies drückt sich zum einen darin aus, dass viele Bereiche des Wirtschaftslebens global durch private Vereinigungen von Unternehmen ohne die Teilhabe demokratischer Regierungen geregelt werden. Beispielsweise wird die Bewertung von Staats- und Unternehmensanleihen von privaten Ratingagenturen vorgenommen. Internationale Buchführungsstandards werden von der privaten *International Accounting Standards Board* (IASB) entwickelt.

Zum anderen nimmt die Geschäftswelt Einfluss auf die allgemeine Struktur der *Global Governance*, denn die Idee zu verstärkter internationaler Kooperation wurde seit den frühen Siebzigerjahren vor allem in den außenpolitischen Foren international orientierter Kapitalgruppen der USA entwickelt. Dabei stand zunächst die Festigung des Bündnisses zwischen staatlichen und wirtschaftlichen Akteuren in den entwickelten kapitalistischen Industriestaaten (USA, Westeuropa und Japan) im Vordergrund. Dieses Projekt kann als „fordistischer Trilateralismus" bezeichnet werden (Scherrer 2000).

Nach dem Scheitern des ersten Versuchs einer makroökonomischen Politikkoordinierung zwischen den Ländern dieser Triade Ende der Siebzigerjahre fand eine Transformation des trilateralen Projektes zu einem „globalen Konstitutionalismus" (Gill 2003) statt. Damit ist die vertragliche internationale Absicherung der Rechte am Privateigentum gegenüber einzelnen Staaten und internationalen Organisationen gemeint. Der Schutz des privaten Eigentums soll weltweit Vorrang haben vor nationalen Gesetzen und zum Kernbestand einer sich entwickelnden globalen Verfassung (Konstitution) gehören. Politische Gestaltung soll, soweit möglich, auf die klassischen Themen des liberalen „Nachtwächterstaates" begrenzt bleiben: Sicherung von Recht und Ordnung. Deshalb kann sie auch als neoliberale Version der *Global Governance* bezeichnet werden.

Dieser neoliberalen *Global Governance* zugunsten von Eigentümern und Aktionären (*Shareholder*) stehen Vorschläge für eine Wirtschaftsweise gegenüber, die auf einen umfassenderen Eigentumsbegriff aufsetzen, der alle beteiligten Interessen (*Stakeholder*) umfasst. Mithin verändert die Globalisierung nicht nur die Kompetenzen von Nationalstaaten, sondern berührt auch gesellschaftliche Kräfteverhältnisse und wird von diesen strukturiert.

## Innergesellschaftliche Kräfteverhältnisse in der Globalisierung

Auf abstrakter Ebene können die Auswirkungen der Globalisierung als eine Verschiebung der Kräfteverhältnisse zu Gunsten der mobileren Elemente in der Gesellschaft gewertet werden. Mobilität verschafft den einzelnen Akteuren eine weitere Option, nämlich die Möglichkeit den jeweiligen Ort zu verlassen (*Exit*). Dies bedeutet, dass sich die Angewiesenheit auf andere gesellschaftliche Kräfte verringert und entsprechend Verhandlungsmacht wächst. Mit Ausnahme der hoch qualifizierten Arbeitskräfte, die sich bei entsprechender Mobilität ihre am Markt knappen Fähigkeiten gut bezahlen lassen können, wird die Masse der Bevölkerung gleich doppelt negativ von dieser Kräfteverschiebung betroffen. Zum einen als Lohnabhängige, denn ihre familiären Einbindungen benachteiligen sie mobilitätstechnisch gegenüber dem Kapital (und weil die meisten Staaten sie nicht willkommen heißen). Ihnen können lohn- und arbeitszeitpolitische Zugeständnisse abgerungen werden wie Schaubild 10 illustriert.

**Schaubild 10:** Sinkende Lohnquoten seit Anfang der 1970er Jahre

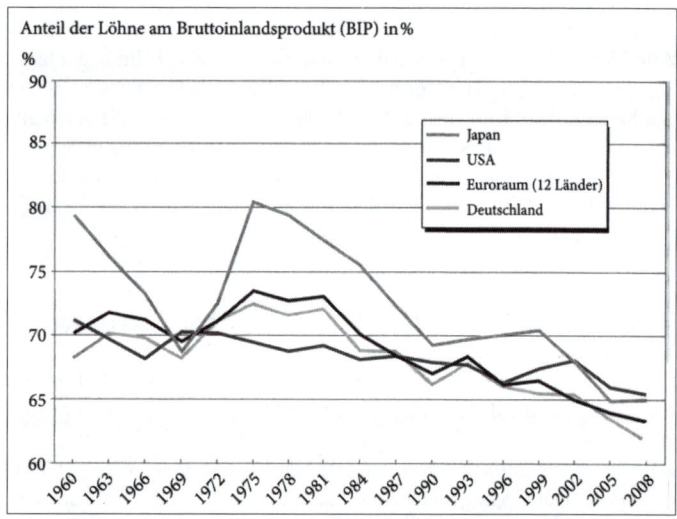

Quelle: Globale Trends 2010, Frankfurt/M.: Fischer Taschenbuch Verlag

Zum anderen sind sie betroffen als Bürgerinnen und Bürger territorialer Gemeinwesen, die per Definition nicht mobil sind und somit der *Exit*-Option wenig entgegenhalten können. Als solche steigt ihr Anteil an der Steuerlast bei gleichzeitigen staatlichen Leistungskürzungen.

Nur durch Absprachen zwischen den jeweils weniger mobilen Kräften könnte dieser Kräfteverschiebung begegnet, ein Gegeneinander-Aus-spielen verhindert werden. Doch dies ist nicht einfach, denn die unterschiedlichen Arbeits- und Lebensumstände der Lohnabhängigen weltweit sorgen für Interessenunterschiede oder gar Interessengegensätze. Ein Beispiel sind Patente. Zwar schützen Patente vor allem die überwiegend im Norden ansässigen Unternehmen, die die Patente besitzen, vor der nachholenden Konkurrenz aus dem Süden, doch deren Beschäftigte profitieren gleichfalls vom Schutz des geistigen Eigentums. Sie sind deshalb häufig für Patent- und Markenschutz, obgleich sie dadurch den Bestrebungen im Süden, bessere Positionen innerhalb der Wertschöpfungsketten zu erringen, zuwiderhandeln.

Sinkende Steuerlast für mobile Unternehmen bedeutet auf Seiten der öffentlichen Hand Mindereinnahmen. Werden so die immobilen öffentlichen Körperschaften zunächst mittelbar von der Globalisierung erfasst, treffen sie dann ihrerseits Maßnahmen, die die Bedingungen dafür schaffen, dass ihre Beschäftigten dem Konkurrenzdruck der Globalisierung direkt ausgesetzt werden. Sie versuchen, die Kosten durch Auslagerung von Aufgaben an private Anbieter zu drücken. Die europäische Dienstleistungsrichtlinie sieht vor, dass für die Erbringung bisher staatlicher Dienstleistungen internationale Konzerne bzw. Arbeitskräfte gleichberechtigt berücksichtigt werden müssen (Dickhaus/Scherrer 2006).

Aufgrund dieser Herausforderungen für Beschäftigte haben deren Vertretungen im europäischen Raum erste institutionelle Formen der grenzüberschreitenden Zusammenarbeit geschaffen. Sie werden zunehmend mit Leben gefüllt, d.h. als Foren zur Entwicklung gemeinsamer, grenzüberschreitender Strategien gegenüber der Kapitalseite genutzt, insbesondere bei Standortentscheidungen. Sie werden ergänzt um Netzwerke der internationalen Gewerkschaftsverbände *Global Union Federations* (GUF). Auf Weltebene sind in den letzten Jahren zahlreiche internationale Rahmenabkommen zwischen transnationalen Unternehmen und den *Global Union Federations* abgeschlossen worden, die die Unternehmen verpflichten, Kernarbeitsnormen innerhalb ihrer Tochterunternehmen einzuhalten. Internationale Arbeitsnormen werden tripartistisch, d.h. in der Zusammenarbeit von Regierungen und Vertretungen der Unternehmen sowie Beschäftigten, im Rahmen der Internationalen

Arbeitsorganisation (ILO) vereinbart. Zu den Kernarbeitsnormen gehören vor allem das Recht auf Vereinigungsfreiheit, auf Tarifverhandlungen und das Verbot von Kinderarbeit und Diskriminierung.

Zum Schluss wollen wir aber nicht vergessen zu erwähnen, dass das Schreckensbild von global völlig ungebundenen Unternehmen, die auf Internetplattformen den jeweils billigsten Anbietern den Zuschlag für ihre Zulieferaufträge erteilen, bisher nicht flächendeckend Realität geworden ist. Als Hemmschuh hat sich ausgerechnet eine durchaus erwünschte Folge des global verschärften Wettbewerbs erwiesen: der Fokus auf Innovation und Schnelligkeit. Innovationen sind sehr voraussetzungsvoll und sind am ehesten dort zu erwarten, wo eine ausdifferenzierte, aber vernetzte Wirtschaftsstruktur vorhanden ist, also Cluster. Schnelligkeit erfordert Marktnähe und eine gute Informations- und Transportinfrastruktur, beides Faktoren, die traditionelle Industriestandorte begünstigen. Doch stellen Cluster keinen dauerhaften Schutz gegen *Exit*-Strategien transnationaler Unternehmen dar. Cluster können auch an neuen Standorten (z.B. Bratislava) innerhalb einer überschaubaren Zeit aufgebaut werden (Klobes 2006).

### Merksatz

**Globalisierung ist kein Schicksal, dem sich die Nationalstaaten beugen müssen, sondern sie beruht sehr wesentlich auf politischen Entscheidungen. Auch die Politik der Bundesrepublik Deutschland hat die Globalisierung entscheidend gefördert. Dementsprechend kann nicht von einer Schwächung der Nationalstaaten durch die Globalisierung, wohl aber von einer Veränderung von Aufgaben und Einflussmöglichkeiten derselben gesprochen werden. Diese zeigt sich u.a. daran, dass die Orientierung an internationaler Wettbewerbsfähigkeit zum leitenden Paradigma nationalstaatlicher Politik wird.**

### Weiterführende Literatur

Brühl, Tanja / Feldt, Heidi / Hamm, Brigitte / Hummel, Hartwig / Martens, Jens (2004, Hrsg.): Unternehmen in der Weltpolitik. Politiknetzwerke, Unternehmensregeln und die Zukunft des Multilateralismus. Bonn

Brunnengräber, Achim / Burchardt, Hans-Jürgen / Görg, Christoph (2008, Hrsg.): Mit mehr Ebenen zu mehr Gestaltung? Multi-Level-Governance in der transnationalen Sozial- und Umweltpolitik. Baden-Baden

Hirsch, Joachim (2005): Materialistische Staatstheorie. Transformationsprozesse des kapitalistischen Staatensystems. Hamburg

# Die internationale Arbeitsteilung in der Theorie: Wohlstand für alle?

*Wird die Globalisierung als ein Prozess der Vertiefung und Verbreitung gesellschaftlicher Arbeitsteilung betrachtet, dann verlieren die Globalisierungsdebatten viel von ihrem Neuigkeits-Charme, denn über Nutzen und Gefahren der Arbeitsteilung wird spätestens seit Adam Smiths detailgenauer Beschreibung der arbeitsteiligen Stecknadelproduktion im 18. Jahrhundert gestritten. Bezogen auf die grenzüberschreitende Arbeitsteilung haben sich bereits im 19. Jahrhundert drei noch heute denkanleitende Paradigmen entwickelt: die liberale, die wirtschaftsnationalistische und die marxistische „Schule". Die erste begrüßt die grenzüberschreitende Arbeitsteilung, die zweite macht deren Nutzen von der Erfüllung bestimmter Voraussetzungen abhängig und die dritte lehnt den Modus der Arbeitsteilung ab. Von einer Kenntnisnahme dieser Paradigmen versprechen wir uns ein besseres Verständnis der in Kapitel 7 vorgestellten Debatten über die Vor- und Nachteile der Globalisierung.*

## Die liberale Internationale Politische Ökonomie

Die klassische Politische Ökonomie befürwortete von Anfang an das Entstehen einer internationalen Arbeitsteilung, wobei Adam Smith (1723–1790) eine Spezialisierung auf Basis absoluter (insbesondere klimatischer oder ressourcieller Art) und David Ricardo (1772–1823) auf Basis komparativer Kostenvorteile empfahl (Länder sollen sich auf jene Branchen spezialisieren, in denen sie vergleichsweise über die höchsten Kostenvorteile verfügen). Entsprechend traten sie für den Abbau staatlicher Lenkung der Außenwirtschaft, insbesondere durch Zölle, ein. Ricardos Theorie der komparativen Kosten blieb das Basistheorem der Außenwirtschaftstheorie, die, unter Abstraktion von Macht- und Entwicklungsunterschieden unter den Nationen, grenzüberschreitende Wirtschaftsaktivitäten untersucht. Aus dieser „rein" ökonomischen Sicht ist das Politische vornehmlich ein Hindernis bei der Realisierung freier Weltmärkte bzw. Adressat von modelltheoretisch begründeten Empfehlungen.

Die liberale Internationale Politische Ökonomie hat in der Nachkriegszeit auf der Basis der Einsichten der Außenwirtschaftstheorie das Politische zum eigenständigen Untersuchungsobjekt erhoben. Die zentralen Fragestellungen beziehen sich auf Entwicklungsunterschiede und auf Stabilitätsbedingungen der Weltwirtschaft.

Die entwicklungspolitische Debatte prägte die Modernisierungstheorie (Protagonist: W.W. Rostow 1960), die ein Aufholen und damit die Modernisierung „traditionaler" Gesellschaften gegenüber den westlichen Industrieländern innerhalb einer liberalen Weltwirtschaft nur als eine Frage der Zeit ansah, was aber durch geeignete Maßnahmen beschleunigt werden könne, z.B. durch Beratung der jeweiligen Entscheidungsinstanzen, durch Technologie- und Kapitaltransfer.

Die Stabilitätsbedingungen der Weltwirtschaft werden vornehmlich am Beispiel des Währungssystems behandelt. Die in den Sechzigerjahren beginnende Dollarkrise, die 1971 zum Ende des fixen Wechselkursregimes von Bretton Woods führte, gab Anstoß zu einer ausdauernd geführten Debatte darüber, inwiefern eine stabile liberale Weltwirtschaft einen starken Anführer (Hegemon) brauche. Eine Analyse der Weltwirtschaftskrise von 1929 von Charles Kindleberger (1910–2003) hatte ergeben, dass diese durch die Weigerung der USA, als Stabilisator zu wirken, verschärft worden sei (1973). Nach dem Zweiten Weltkrieg hätten die USA eine „wohlwollende" Führungsrolle übernommen, doch mit dem Ende des Systems von Bretton Woods stand diese zur Disposition. Diese Beobachtung wurde von amerikanischen Politikwissenschaftlern als Theorie Hegemonialer Stabilität bezeichnet, der sie die These entgegenstellten, dass Stabilität als öffentliches Gut auch durch Kooperation zwischen einzelnen Nationalstaaten zur Verfügung gestellt werden könne. Diese Einsicht wurde von der Regimetheorie (und später in der *Global Governance*-Debatte fortentwickelt, → Kapitel 5) aufgegriffen, die besagt, dass internationale Übereinkommen, soweit sie auf weitgehend geteilten Werten beruhen und sich eine Weile bewährt haben, gegenüber einzelnen Nationen inklusive den dominanten Nationen von eigenem Gewicht sind (Keohane 1984).

## Wirtschaftsnationalismus

Der Wirtschaftsnationalismus wird zumeist auf Friedrich List (1789–1846) zurückgeführt, doch sein Schutzzollargument wurde bereits vor ihm in vielen anderen Ländern entwickelt, die dem englischen Vorbild der industriellen Entwicklung nacheifern wollten, so z.B. in Frankreich von F.L.A. Ferrier (1805) und in den USA von Henry Carey (1837). Als vom württembergischen König des Landes verwiesener Liberaler stellte sich für ihn und für das aufstrebende deutsche Bürgertum die Überwindung der deutschen Kleinstaaterei als zentrale Herausforderung. In seinem Hauptwerk *Das nationale System der politischen Ökonomie* (1841) lehnte er entsprechend die Freihandelsargumente der Klassiker (bei ihm „Schule" genannt) nicht prinzipiell ab, doch hätten diese erst Gültigkeit, wenn die Welt nicht mehr in Nationen zergliedert sei. Solange aber noch Nationalstaaten bestünden, würde „aus allgemeiner Handlungsfreiheit nicht die Universalrepublik, sondern die Universaluntertänigkeit der minder vorgerückten Nationen unter die Suprematie der herrschenden Manufaktur-, Handels- und Seemacht erwachsen" (List 1841: 142). Entsprechend riet er den „minder vorgerückten Nationen" zum Schutzzoll für noch nicht entwickelte Industrien und zum Abbau aller Maßnahmen, die innerhalb des Nationalstaates die Entfaltung der Industrien hindern (im Falle Deutschlands insbesondere die inneren Zollgrenzen). Die Einführung von Schutzmaßregeln sah er allerdings nur dann gerechtfertigt, wenn gewisse Voraussetzung erfüllt waren, und zwar ein „ausgedehntes wohlarrondiertes Territorium" und ein hoher „Grad von Zivilisation und politischer Ausbildung" (List 1841: 321), wobei er „die geistige und bürgerliche Freiheit" Englands zum Vorbild erhob (ebd. 334). Kennzeichnend auch für den späteren Wirtschaftsnationalismus war Lists Fokus auf die Entwicklung der Produktivkräfte, insbesondere durch Bildung (List 1841: 155).

Während die heutige orthodoxe Außenwirtschaftslehre vor allem die Vorteile des Freihandels für die Konsumenten betont, gab List eindeutig der Produktion Vorrang vor dem Konsum: „Sie [die Nation] muß gegenwärtige Vorteile aufopfern, um sich zukünftige zu sichern." (List 1841: 160). Mit anderen Worten, zum Wohle der Nation als Ganzes sollten individuelle Bedürfnis hinten angestellt werden.

Im westlichen, kapitalistischen Lager setzte sich nach dem Zweiten Weltkrieg der Freihandel als handelspolitische, universalistische Leitlinie durch. Doch blieb Lists Plädoyer für Ausnahmen von der Regel aktuell. Zum einen verwirklichten die USA mit der Einrichtung des Allgemeinen Präferenzzollabkommens (GATT) Lists Forderung nach multilateralen, dem Reziprozitätsprinzip vergleichbarer Handelskonzessionen verpflichteten Verhandlungen über Außenhandelserleichterungen (im Gegensatz zur voraussetzungslosen Öffnung der Grenzen für den Handel).

Zum anderen wurde angesichts der großen Masse der jeweils „minder vorgerückten Nationen" sein „Erziehungszoll"-Argument breit rezipiert, es fand auch Eingang in die liberale Tradition (z.b. bereits bei John Stuart Mill, später in die Lehrbücher zur Außenwirtschaft). In der Nachkriegszeit wurde es insbesondere mit Erfolg von Japan und anderen fernöstlichen Ländern pragmatisch angewendet (Chang 2008), aber auch von Westdeutschland, dessen industrieller Wiederaufbau staatlich gefördert und durch Devisenkontrollen flankiert wurde.

Expliziter fanden die Ideen Lists Eingang in den entwicklungspolitischen Diskurs der Nachkriegszeit. Mit Verweis auf die sich verschlechternden *Terms of Trade* für Agrarprodukte und natürliche Ressourcen (der Preisindex dieser Produkte stieg langsamer als der für Industriewaren) vertraten die AnhängerInnen der Dependenztheorie die These, dass in der traditionellen internationalen Arbeitsteilung die Abhängigkeit ehemaliger Kolonien von den kapitalistischen Zentren eingeschrieben sei. Erstens würde die Nachfrage nach Primärgütern nicht proportional mit den Einkommenszuwächsen in den Industrieländern steigen. Zweitens würden Produktivitätssteigerung in den Entwicklungsländern aufgrund der massiven Freisetzung von Arbeitskräften in der Subsistenzlandwirtschaft nicht zu Lohnerhöhungen führen, sondern nur zur Produktionsausweitung, während in den Industrieländern die Löhne mit den Produktivitätssteigerungen Schritt hielten. Somit würden die Produktivitätsfortschritte in den Entwicklungsländern einkommensmäßig, über die verschlechterten *Terms of Trade,* vor allen den Industrieländern zu Gute kommen. Raul Prebisch, der führende Intellektuelle dieser Strömung und erste Generalsekretär der UNCTAD, befürwortete ganz im Sinne von List den Aufbau einer heimischen Industrie im Schutz von Zöllen (Substitution der bisherigen Industriewarenimporte durch eigene Herstellung) und mit Hilfe staatlicher Infrastrukturvorleistungen (Prebisch 1964). Im Unterschied zu vielen asiatischen Ländern misslang es vielfach in Lateinamerika, den Zollschutz zum Aufbau einer weltmarktfähigen Industrie zu nutzen, sodass aus dem jeweiligen Erziehungszoll entgegen den List'schen Vorschlägen ein Dauerzoll wurde.

Selbst in den kapitalistischen Zentren blieben die List'schen Ideen aktuell, wenngleich eine Verlagerung von zoll- zu industriepolitischen Maßnahmen (z.B. Forschungssubventionen) stattfand (US-Vertreter: Luttwak 1999; Thurow 1993).

## Kritik der Politischen Ökonomie – Historischer Materialismus

Die marxistische Kritik der politischen Ökonomie wird gerade im Nord-Süd-Diskurs, aber nicht nur darauf beschränkt, wieder verstärkt wahrgenommen. Sie ist insofern Kritik, als Karl Marx (1818–1883) seinen eigenen Zugang, den historischen Materialismus, explizit in der Auseinandersetzung mit den liberalen Klassikern entwickelt hat.

Der Marx'sche Zugang ist „historisch", weil die Entwicklungsdynamik von Gesellschaften im Vordergrund des Interesses steht. Im Unterschied zur liberalen und nationalwirtschaftlichen Tradition wird die kapitalistische Gesellschaft nicht als Endpunkt der Entwicklung menschlicher Gesellschaften angesehen. Die Entwicklung zum Kommunismus gilt als erstrebenswert. Im Gegensatz zur damals in Deutschland geläufigen idealistischen Vorstellung, dass sich Gesellschaften auf der Grundlage von Ideen fortentwickeln bzw. sogar nur Ausdruck der Entfaltung spezifischer Ideen sind, legt der Historische Materialismus den Fokus auf die Praxis der Menschen, sich ihre Lebensgrundlagen immer wieder von Neuem zu schaffen.

Dieses Verständnis von Materialismus ist allerdings nicht mit dem Alltagsverständnis gleichzusetzen, dass die schnöde Gier nach Anhäufung von Besitz die Menschheit und ihre Gesellschaften antriebe. Vielmehr wird davon ausgegangen, dass die Art und Weise, wie sich eine jeweilige Gesellschaft reproduziert, widersprüchlich ist und die aus diesen Widersprüchen sich ergebenden Konflikte die gesellschaftliche Dynamik bewirken. Im Kapitalismus, also in jenen Gesellschaften, in denen die einzelnen Menschen vornehmlich (nicht ausschließlich) vermittelt über kapitalistische Eigentumsverhältnisse in Beziehung zueinander treten und Teil von Gesellschaft werden („vergesellschaftet" werden), sei der Widerspruch im Tauschakt, der die arbeitsteilig produzierenden Menschen zusammenbringt, angelegt. Dem Tausch von Waren läge im Kapitalismus die Vorstellung zugrunde, dass dieser unter juristisch gleichgestellten Personen erfolge, die Waren gleichen Wertes austauschen. Dies würde zwar für die Warenmärkte gelten, doch nicht für die den Kapitalismus charakterisierenden Arbeitsmärkte. Letztere könnten nur dort entstehen, wo es, wie Marx es ausdrückte, die doppelt freien Lohnarbeiter gibt. Sie müssen zum einen frei über ihre Arbeitskraft verfügen können, d.h. frei von Verpflichtungen gegenüber anderen (Feudalherren, Sklavenhalter) sein, sonst könnten sie ihre Arbeitskraft nicht verkaufen. Zum anderen sind sie aber auch gezwungen, ihre Arbeitskraft zu verkaufen, weil sie nicht über eigene Produktionsmittel verfügen, also von diesen „frei" sind.

Die LohnarbeiterInnen, so Marx, würden mit ihrer Arbeitskraft mehr Wert schaffen, als ihnen in Form des Lohnes ausgezahlt wird. Sie würden unbezahlt auch die Mittel erzeugen, die zur Reproduktion, zur Wiederherstellung der von ihnen verbrauchten, ihnen aber nicht gehörenden Produktionsmittel, benötigt werden. Dazu kommt der Luxuskonsum der Eigentümer der Produktionsmittel, die ihre Arbeitskraft kaufen – natürlich nur soweit diese Eigentümer am Markt erfolgreich sind. In dieser Arbeitsteilung zwischen Produktionsmittelbesitzern und Lohnabhängigen sieht die marxistische Tradition ein Ausbeutungsverhältnis. Während die liberale Tradition diese Art der Arbeitsteilung befürwortet und universell durchgesetzt sehen möchte, die wirtschaftsnationale Tradition sie gleichfalls akzeptiert, aber sich auf ihre Verwirklichung im jeweiligen Nationalstaat konzentriert, problematisiert die marxistische Tradition sie mit Perspektive auf ihre Überwindung.

Die Schaffung des Weltmarkts lag für Marx als Tendenz unmittelbar im Begriff des Kapitals: Akkumulation um der Akkumulation selbst willen (Marx 1857/58: 311). Er sah im auswärtigen Handel zugleich den historischen Ursprung der kapitalistischen Produktionsweise wie auch deren Folge auf Grund des Bedürfnisses nach stets ausgedehnterem Markt (Marx 1894: 247).

Entsprechend teilen Marxisten nicht den Glauben der Klassiker, dass Freihandel „den Gegensatz zwischen industriellen Kapitalisten und Lohnarbeitern verschwinden machen wird" (Marx 1848: 456), dass der Freihandel friedensstiftend sei („Alle destruktiven Erscheinungen, welche die freie Konkurrenz in dem Inneren eines Landes zeitigt, wiederholen sich in noch riesigerem Umfange auf dem Weltmarkt." [ebd.: 456]) und dass es eine Natürlichkeit der internationalen Arbeitsteilung gebe.

Die revolutionäre Perspektive prägte auch ihre Kritik an List. Das Schutzzollsystem sei zum einen nur ein Mittel, „in einem Lande die Industrie aufzuziehen, das heißt, es vom Weltmarkt abhängig zu machen" (ebd.: 457). Zum anderen stelle es den Versuch dar, den Gegensatz zwischen Kapital und Arbeit durch einen Gegensatz zwischen Nationen zu verwischen (ebd.: 461). Letzteres Argument sollte sich entgegen den Marx'schen Intentionen im Ersten Weltkrieg bewahrheiten.

Die in den USA entwickelte Weltsystemtheorie sowie die Regulationstheorie aus Frankreich traten im Wesentlichen das Erbe des Marxismus an. In direkter Auseinandersetzung mit der Modernisierungstheorie geht die Weltsystemtheorie von einem über die Zirkulationssphäre vermittelten Weltmarktzusammenhang seit der europäischen Eroberung Amerikas aus, die über die dortigen Silber- und Goldvorkommen die europäische mit den asiatischen Weltwirtschaften in einen immer intensiveren Austausch kommen ließ. Dieses sich entwickelnde moderne Weltsystem mit einem Verbund souveräner nationaler Staaten stellt die grundlegende Analyseeinheit dar. Es wird durch die Kapitalakkumulation angetrieben, durch eine über ungleichen Tausch vermittelte Arbeitsteilung in ein Zentrum und in eine Peripherie zergliedert (dazwischen die Semiperipherie), von hegemonialen Staaten in zyklischer, krisenhafter Abfolge beherrscht und von technologischen Zyklen geprägt (Wallerstein 1974). Aus dieser Sicht konstituieren sich Entwicklung und Unterentwicklung im Weltsystem gegenseitig. Zwar ist es einzelnen Ländern möglich, aus der Peripherie über die Semiperipherie in das Zentrum zu gelangen, doch aus systemischen Gründen nicht für die Masse. Das absolute Entwicklungsniveau kann sich allerdings für die Peripherie erhöhen. Insgesamt wird in Anlehnung an Marx die Arbeitsteilung generell problematisiert, doch der Fokus liegt wie im Wirtschaftsnationalismus auf der räumlichen Dimension hierarchisierter Arbeitsteilung.

Wenngleich die marxistische Tradition insgesamt von der Krisenanfälligkeit kapitalistischer Vergesellschaftung ausgeht, ist es das besondere Verdienst der Regulationstheorie, auf die Koordinationsprobleme marktvermittelter Arbeitsteilung hingewiesen zu haben. Der Begriff „Regulation" steht weder für Gleichgewichtszustand noch für staatliche Regulierung, sondern bezieht sich auf die prekäre Reproduktion des Waren- und des Lohnverhältnisses. Wachstum ginge mit Brüchen in den Produktionsmethoden und Lebensweisen einher (Aglietta 1976). Vollziehe sich die Kapitalakkumulation dennoch, dann läge ein Entsprechungsverhältnis zwischen den Veränderungen vor. Regulation sei somit Systemveränderung bei Systemerhalt. Dabei ist Regulation aufgrund der diesen Verhältnissen eingeschriebenen Interessenkonkurrenz nicht Resultat bewusster Steuerung (Lipietz 1985).

## Unterscheidungskriterium der Ansätze: Einstellung zur internationalen Arbeitsteilung

Die hier vorgestellten, das Feld der Internationalen Politischen Ökonomie beherrschenden Traditionen teilen eine zentrale Fragestellung: Wie ist die internationale Arbeitsteilung zu gestalten? Ihre Antworten fallen jedoch sehr unterschiedlich aus. Das Spektrum reicht von einer allgemeinen Befürwortung von Arbeitsteilung bis zu ihrer grundsätzlichen Problematisierung. Die Kritik basiert hauptsächlich auf zwei Argumenten, die von den jeweiligen Traditionen unterschiedlich betont werden. Zum einen ginge die Arbeitsteilung mit einer Hierarchie der Wertigkeit der einzelnen Arbeit einher, sei es zwischen Nationen oder zwischen Produktionsmittelbesitzern und Lohnabhängigen. Zum anderen entstünden durch Arbeitsteilung Koordinationsprobleme, insbesondere die Koordination über den Markt sei krisenanfällig.

Der Liberalismus kann als „Entdecker" der Produktivkraft Arbeitsteilung (Smith) angesehen werden, der dieses Prinzip über den Globus ausgedehnt sehen möchte, und zwar auch zwischen Ländern ungleichen Ausgangsniveaus. Entsprechend fordert diese Tradition, alle Hemmnisse zur weiteren Arbeitsteilung zu entfernen, also die Beschränkungen des Handels. Ihre Analyseeinheiten, d.h. die Akteure in ihren Analysen, sind Besitzer von Waren, sei es das Individuum im Besitz seiner Arbeitskraft oder ein Großunternehmen, das komplexe Maschinen verkauft. Politik und Ökonomie werden zudem als separate Sphären angesehen, zumindest im angestrebten Idealzustand. Die Politik soll möglichst nicht in die Ökonomie eingreifen. Allerdings stellt die liberale institutionalistische Tradition sich dem Koordinationsproblem. Sie sucht nach den optimale Stabilität gewährenden Institutionen.

Im dem Liberalismus vorgehenden Merkantilismus wurde die Produktivkraft „Arbeitsteilung" noch nicht recht erkannt, entsprechend strebte man danach, im eigenen Wirtschaftsraum möglichst alles selbst herzustellen und vom Ausland möglichst viel Gold für die eigenen Exportwaren zu erhalten. Der den „kosmopolitischen" Liberalismus kritisierende Wirtschaftsnationalismus List'scher Prägung anerkannte allerdings die Wohlfahrt steigernden Auswirkungen der Arbeitsteilung. Doch wies er daraufhin, dass es kollektiver Anstrengungen bedürfe, um für das eigene Kollektiv, also die Nation, die privilegierten Plätze in der Arbeitsteilung zu sichern. Zu diesen Anstrengungen gehört vor allem die Vertiefung nationaler Arbeitsteilung, die allerdings nur durch Schutz vor ausländischer Konkurrenz gelänge, so weit dieser Schutz partiell und temporär bliebe. Die vornehmliche Analyseeinheit dieser Tradition ist die Nation, die in Konkurrenz und teilweise im Kampf mit anderen Nationen steht. Gleichwohl werden Akteure auch innerhalb der jeweiligen Nationen identifiziert, die zum Wohle der Nationen beitragen können, dazu gehören ebenfalls Unternehmer (im Sinne des „etwas unternehmen"), aber vornehmlich Technokraten und Wissenschaftler, deren Handeln eine Planrationalität zur Optimierung der nationalen wirtschaftlichen Leistungsfähigkeit zugrunde liegt. Politik und Ökonomie werden verschränkter angesehen: Staatliche Eingriffe können Wirtschaftsaktivitäten fördern, und diese sollten ihrerseits zur Größe der Nationen beitragen. Mithin steht im Zentrum der Kritik die Hierarchisierung der Arbeitsteilung in räumlich-kollektiver Hinsicht. Eine verfestigte Hierarchie der Wertigkeit der jeweiligen Arbeit zwischen Personen und das Koordinationsproblem wird dagegen nicht thematisiert.

Auch der Marxismus anerkennt die potenziell produktive Kraft der Arbeitsteilung, doch sieht er in dieser Arbeitsteilung Hierarchien eingeschrieben (insbesondere Kapitaleigner – Lohnabhängige) und in ihrer privaten und damit marktförmigen Form eine destruktive Krisenhaftigkeit. Deshalb sollte diese wildwüchsige, auf privatem Eigentum aufbauende Arbeitsteilung überwunden und durch eine bewusst geplante ersetzt werden. Die Analyseeinheiten sind Verhältnisse, insbesondere das Kapital- und Lohnverhältnis. Als zentrale Akteure werden die in diesen Verhältnissen sich gegenüberstehenden Klassen angesehen. Entsprechend wird die Trennung von Politik und Ökonomie als eine der kapitalistischen Gesellschaft eigene Fiktion behandelt. Politik und Ökonomie seien immer komplex miteinander verbunden, jedoch sowohl in Zeit und Raum als auch im Selbstverständnis der Gesellschaften in jeweils unterschiedlicher Weise.

Im Lichte dieser paradigmatischen Unterschiede in der Analyse gesellschaftlich-räumlicher Arbeitsteilung zeigt sich, dass in theoriegeschichtlicher Perspektive die heutigen Globalisierungsdebatten als Fortsetzung einer seit Adam Smith geführten Kontroverse über die Chancen und Gefahren marktvermittelter Arbeitsteilung zu sehen sind.

## Weiterführende Literatur

**List, Friedrich (1841):** Das nationale System der politischen Oekonomie, Stuttgart

**Marx, Karl (1867):** Das Kapital. Kritik der politischen Ökonomie. Erster Band, MEW 23, Berlin 1956

**Smith, Adam (1776):** Untersuchung über Wesen und Ursachen des Reichtums der Völker. Stuttgart 2005

# Vergrößert die Globalisierung
# die Kluft zwischen Nord und Süd?

*Für den Großteil der Entwicklungsländer vergrößert sich der Abstand
zu den führenden Industrieländern. Die Ursachen hierfür werden kontrovers diskutiert. Den gängigen Entwicklungsrezepturen ist die Vorstellung gemein, dass jedes Land unabhängig von den anderen Ländern
aufholen kann. Bildlich gesprochen bedeutet diese Vorstellung, dass die
Länder nebeneinander auf unterschiedlichen Sprossen einer Hühnerleiter sitzen. Wenn sie nicht auf die nächste Sprosse kommen, dann ist
das ihre eigene Schuld. Eine systemische Sicht geht hingegen davon aus,
dass sich das Verhältnis der Länder zueinander eher als eine „Pyramide" darstellen lässt: Auf dem Weg nach oben wird untereinander gerempelt und die, die schon oben sitzen, treten nach unten.*

## Die Kluft zwischen Nord und Süd

In der Nachkriegszeit haben sich mit Ausnahme der Länder im Kriegszu-
stand und den ehemaligen sowjetischen Staaten die Lebensbedingungen der
Masse der Bevölkerung in allen Ländern merklich verbessert: geringere
Kindersterblichkeit, längere Lebenserwartung der Erwachsenen, höherer
Bildungsstand etc. Trotz einer Bevölkerungszunahme von 2,3 auf 6,7 Milliarden liegt das durchschnittliche Pro-Kopf-Einkommen heute etwa vier-
mal so hoch wie 1950. Doch zugleich öffnete sich die Schere zwischen armen
und reichen Ländern. Derzeit leben weltweit 2,5 Milliarden Menschen von
weniger als zwei US-Dollar pro Tag, die Säuglings- und Kindersterblichkeit
liegt in Südasien bei über 76 pro 1000 Lebendgeburten, in Afrika südlich
der Sahara bei über 144 pro 1000. Das reichste Fünftel der Länder hatte 1960
noch dreißig Mal so viel Einkommen wie das ärmste Fünftel, 2004 war das
Verhältnis auf 90:1 angestiegen. Gemäß dem Human Development Report
ist das Einkommen der reichsten 5% der Erdbevölkerung 114mal so hoch
wie das der ärmsten 5%. Ungefähr 70% der Armen weltweit sind Frauen.
Ein Fünftel der Menschheit lebt in Ländern, hauptsächlich in Afrika und

Lateinamerika, in denen der Lebensstandard in den Achtzigerjahren real gesunken ist. Ungefähr eine Milliarde Menschen haben keinen Zugang zu hygienisch unbedenklichem Wasser und 2,6 Milliarden verfügen nicht über ausreichende Sanitäranlagen. Gleichwohl konnten einige Entwicklungsländer Anschluss an die entwickelten Industrieländer finden: Südkorea, Singapur, Taiwan, Thailand, Malaysia, Indonesien, Chile, Mexiko, Brasilien, Argentinien, Uruguay, Südafrika.

Die Regionen der Welt werden somit von der Globalisierung sehr unterschiedlich erfasst. Warum ist es der großen Masse der Länder des Südens bisher nicht gelungen, die Erfolgsrezepte von solchen Ländern wie Südkorea und in jüngster Zeit China auf sich selbst anzuwenden? Die Bestandteile dieser Rezepte sind vielfach untersucht worden. Zumeist werden folgende Elemente identifiziert:

- Infrastruktur: Für den Erfolg auf dem Weltmarkt bedarf es eines funktionierenden Straßen-, Kanal-, Telefon- und Energienetzes, da Transport, Kommunikation und Energie bedeutende Kostenfaktoren für die Industrie sind.
- Bildung: Der allgemeine Bildungsstand eines Landes muss so angehoben werden, dass die Errungenschaften des Industriezeitalters angewendet, gewartet und verbessert werden können.
- Funktionierende Verwaltung: Industrielle Fertigung ist auf eine möglichst reibungslose Koordination der einzelnen Produktionsschritte angewiesen, die nicht zuletzt von einer effizienten öffentlichen Verwaltung abhängt.
- Rechtsstaatliche Institutionen: Die komplexe Arbeitsteilung einer modernen Industriegesellschaft beruht auf klar definierten Eigentumsrechten, die mittels rechtsstaatlicher Institutionen gesichert werden.

Das Vorhandensein einer oder mehrerer diese Faktoren reicht nicht aus, es müssen alle Maßnahmen der guten Regierungsführung (*good governance*) zusammenkommen. Dort, wo Inkompetenz, Korruption und staatliche Willkür herrschen, können sich keine effizienten Industriestrukturen entwickeln und entsprechend kann auch nicht mit der Weltmarktkonkurrenz mitgehalten werden.

Diese Erkenntnis bedeutet für viele entwicklungspolitische BeraterInnen, dass Entwicklung grundsätzlich für alle Länder möglich ist, solange sie sich anstrengen, diese Rezepturen anzuwenden. Der Politologe Stefan Schirm beispielsweise meint: „Ausnahmen wie Uganda und Ghana bestätigen, dass potenziell jedes Land die Chancen des Weltmarktes nutzen kann – wenn es die ‚richtige‘ Politik betreibt" (Schirm 1999: 28).

Im Umkehrschluss sind somit Länder, bei denen diese Faktoren nicht erfüllt sind, selbst an ihrer Unterentwicklung schuld. Sicherlich sind große Einkommensunterschiede, Korruption, mangelnde Investitionen in die Infrastruktur und vor allem ins Bildungswesen der Entwicklung eines Landes nicht förderlich. Doch können diese Probleme einfach mit einem Willensakt überwunden werden? Liegen die Ursachen dieser Probleme nicht tiefer?

**Schaubild 11:** Ungleiche Einkommens- und Vermögensverteilung in der Welt
Der Gini-Koeffizient ist ein statistisches Maß, welches zur Darstellung von Ungleichverteilungen von Einkommen und Vermögen entwickelt wurde. Je näher der Koeffizient an 100 ist, desto größer ist die Ungleichheit in diesem Bereich.

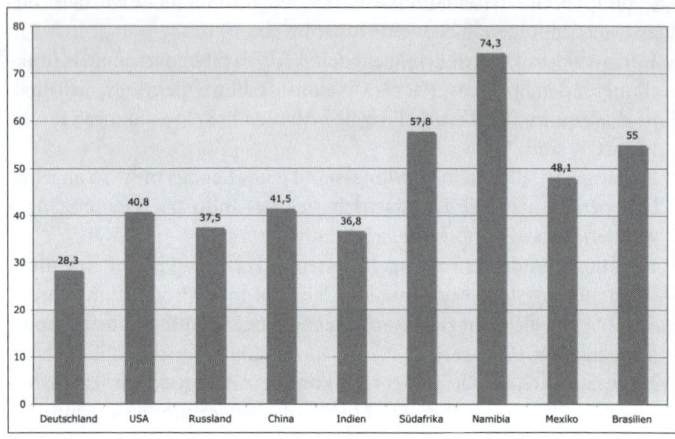

Quelle: Eigene Darstellung. Daten: Human Development Report: http://hdr. undp.org/en/ statistics

**Entwicklungsbegriff**
Für die armen Länder wird vielfach der Begriff Entwicklungsländer verwendet. Die reichen Industrieländer werden hingegen als entwickelt bezeichnet. Mithin ist durch die Wahl der Begriffe die Richtung vorgegeben: Die Entwicklungsländer sollen sich zu entwickelten Ländern fortentwickeln. Der Maßstab, an dem Entwicklung gemessen wird, ist vornehmlich ein materieller: die Versorgung mit Geld und Industriegütern. Auch wenn, wie neuerdings, Lebenserwartung und Ausbildungsstand als Kriterien der Entwicklung hinzugenommen

werden, sagen diese Maße nichts über emotionale oder spirituelle Entwicklung aus. Und insbesondere hinsichtlich der Zukunftsfähigkeit einer Gesellschaft versagen diese Maßstäbe. Wenn man von der Endlichkeit vieler Ressourcen ausgeht, dann erscheinen die reichen Industrieländer mit ihrem hohen Rohstoffverbrauch wenig zukunftsfähig. Anhand dieses Kriteriums müssten die reichen Industrieländer als fehlentwickelt gelten.

Wie bereits an der Überschrift deutlich wird, verwenden wir die geografische Bezeichnung von Norden und Süden, obwohl wir wissen, dass sich im Süden so wohlhabende Länder wie Australien und im Norden so arme Länder wie Moldawien befinden. Für die reichen Länder nutzen wir auch den Begriff OECD-Länder, da die Organisation für wirtschaftliche Zusammenarbeit und Entwicklung (*Organization for Economic Cooperation and Development*, OECD) im Wesentlichen die reichen, industriell entwickelten Marktökonomien umfasst.

## Historische Ursachen der Entwicklungskluft

### Entwicklungsstand vor der europäischen Kolonialisierung der Welt

Bei der Frage nach den Ursachen, warum einzelne Länder die genannten Erfolgsfaktoren hervorbringen konnten und andere nicht, fällt zunächst ins Auge, dass viele der in der Nachkriegszeit erfolgreichen Länder des Südens im 17. Jahrhundert hinsichtlich ihrer wirtschaftlichen, politischen und kulturellen Entwicklung auf einem ähnlichen Niveau oder gar höher als Westeuropa standen. Vor dem weltweiten Eroberungszug der Europäer waren nämlich der indische Subkontinent, Teile von Südostasien, China und Japan in vieler Hinsicht den Europäern überlegen (→ Kapitel 2). Insbesondere verfügten sie über Verwaltungsstrukturen, die große Räume miteinander verbanden und über entsprechend geschultes Personal. Während nur vier afrikanische Staaten im Zeitraum von 1980 bis 1995 wirtschaftlich gegenüber dem westlichen Industriestaaten relativ aufholen konnten, gelang dies 14 von 16 asiatischen Ländern.

### Art der Kolonialisierung

Die Kolonialpraktiken unterschieden sich zum Teil erheblich voneinander. Unter den Kolonialmächten dürften Portugal und Japan die gegenüberliegenden Pole des gesamten Spektrums besetzt haben. Dort, wo Portugal als eine der ältesten Kolonialmächte vorherrschte, insbesondere in Mosambik und Angola, sind die genannten Erfolgsfaktoren am wenigsten vorzufinden – während hingegen Südkorea, das in seiner kurzen Zeit als japanische Kolonie industrialisiert wurde, geradezu das Vorbild für eine erfolgreiche Entwicklungsstrategie darstellt.

### Einbindung in den Kalten Krieg

Die Entwicklungsländer kamen in die Nachkriegszeit nicht nur mit sehr unterschiedlichen historischen Erfahrungen, sondern sie wurden in dieser Zeit auch nicht gleich behandelt. Die USA als Hegemon des westlichen Lagers bevorzugte während des Kalten Krieges die Frontstaaten an der Grenze zum sowjetischen Einflussgebiet. Davon haben insbesondere die Gegner der USA im Zweiten Weltkrieg, Deutschland und Japan, profitiert, aber auch Südkorea und Taiwan. Letztere erhielten nicht nur reichlich finanzielle Unterstützung und erleichterten Zugang zum amerikanischen Markt, sondern konnten auch eine Wirtschaftspolitik verfolgen, die staatlich streng kontrolliert den Aufbau der eigenen Industrie vorantrieb. In Lateinamerika standen hingegen US-amerikanische Interessen häufig solchen Strategien feindlich gegenüber. In Afrika blieb der Einfluss der ehemaligen Kolonialmächte auf die wirtschaftliche Entwicklung der neuen, auf dem Reißbrett entstandenen Nationen groß.

## Systemische Grenzen für ein gleichermaßen erfolgreiches Aufholen

Wir haben gesehen, dass die Länder des Südens mit sehr unterschiedlichen Voraussetzungen in das Zeitalter der Globalisierung eingetreten sind. Doch nicht nur diese Unterschiede können erklären, warum sie von der Globalisierung so ungleich Nutzen ziehen. Darüber hinaus bestehen systemische Zusammenhänge, die ein stetiges Aufwärtssteigen auf der „Hühnerleiter" der Entwicklung nicht für alle Länder gleichermaßen erlauben. Den gängigen Entwicklungsrezepturen ist die Vorstellung gemein, dass jedes Land unabhängig von den anderen Ländern, aber unter Nachahmung der Entwicklungsmaßnahmen des jeweils erfolgreichsten Landes, gegenüber den alten Industrieländern aufholen kann. Bildlich gesprochen sitzen die Länder nebeneinander auf unterschiedlichen Sprossen einer Hühnerleiter. Das Erklimmen der jeweils nächsten Sprosse erfolgt unabhängig von dem Verhalten der anderen Länder. Aus einer systemischen Sicht wird hingegen unterstellt, dass die jeweiligen Entwicklungschancen eines Landes vom Verhalten der anderen Länder mit beeinflusst werden. Um im Bild zu bleiben, statt mit einer „Hühnerleiter" hätten wir es mit einer „Pyramide" zu tun, die nach oben hin spitz zuläuft, sodass auf den höheren Rängen nicht alle Platz haben, auf dem Weg nach oben untereinander gerempelt wird und die, die schon oben sitzen, nach unten treten. Wir wollen uns hier zunächst mit dem „Rempeln" und dann mit dem „Treten" beschäftigen.

## Die Konkurrenz in den unteren Marktsegmenten

In den oberen, technologisch anspruchsvollen Marktsegmenten wird vornehmlich versucht, mittels Forschung und Entwicklung die Wettbewerbsfähigkeit zu sichern. Das Feld der Konkurrenz wird zudem klein sein, da nur wenige Anbieter über das erforderliche Know-how verfügen. Neue Anbieter werden eher selten auftreten, da sie erhebliche Investitionen in die Qualifikation ihrer Mitarbeiter und in den Maschinenpark vornehmen müssen, damit sie das bisher in diesem Marktsegment vorherrschende Leistungsniveau erreichen können.

In den unteren, technologisch anspruchslosen Marktsegmenten sind jedoch solche Vorleistungen weniger erforderlich. Der so genannte Markteintritt, also die Möglichkeit, selbst als Anbieter aufzutreten, ist deutlich leichter. Mithin ist die Konkurrenz am unteren Ende des Marktes schärfer. Definitionsgemäß bieten die meisten Unternehmen der alten Industrieländer ihre Waren in den oberen Marktsegmenten an. Umgekehrt tummeln sich die Unternehmen der Entwicklungsländer vornehmlich auf den Märkten für einfache Industriewaren, landwirtschaftliche Produkte und Rohstoffe.

Ein besonderes Problem stellt der „Ressourcenfluch" dar. In den frühen Siebzigerjahren, als Rohstoffe stark nachgefragt wurden, sagten entwicklungspolitische Beobachter denjenigen Ländern die besten Chancen voraus, die über reichliche Bodenschätze verfügten. Diese Prognose traf nicht ein, im Gegenteil, rohstoffarme Länder wie Südkorea zählen heute zu den erfolgreichsten Teilnehmern des Weltmarktes. Zu den Gründen zählen die großen Preisschwankungen auf den Rohstoffmärkten, die Verteuerung der Industrieexporte aus einem rohstoffreichen Land aufgrund der Aufwertung der eigenen Währung, und das häufige Vorhandensein einer Mentalität der Eliten, die eher auf die Abschöpfung der

Gewinne aus den Rohstoffexporten setzt als auf technologisch kreatives Unternehmertum (Rentenökonomie).

## Angebotsschock auf dem Weltarbeitsmarkt

Die Konkurrenz auf den unteren Rängen der industriellen Entwicklung wurde im Verlauf der Neunzigerjahre noch drastisch verschärft. In diesen Zeitraum kam nämlich fast die Hälfte der Weltbevölkerung „auf" den Weltmarkt: durch die Öffnung Chinas ab Ende der Achtzigerjahre, den Zusammenbruch der Sowjetunion 1991 und die vorsichtige Öffnung Indiens zum Weltmarkt seit Mitte der Neunzigerjahre. Dadurch hat sich das Angebot an Arbeitskräften, die für den Weltmarkt arbeiten können, drastisch erhöht. Entsprechend ist der Preis der Arbeit vielfach gesunken.

## Nicht alle können zugleich Überschüsse erwirtschaften

Aber selbst wenn es vielen Ländern gelingen sollte, die Voraussetzungen für eine exportorientierte Entwicklung zu schaffen, ist ihnen der Erfolg keineswegs sicher. Zwangsläufig können nicht alle Länder der Welt zugleich mehr Waren ausführen als sie einführen. Für jedes erfolgreiche Exportland bedarf es somit eines Landes, das eine so genannte negative Handelsbilanz, also ein Handelsbilanzdefizit, aufweist. Für die Entwicklung des Südens wäre es ideal, wenn die Länder des Nordens solche Defizite hinnehmen würden. Aber bisher haben nur die USA und Großbritannien über Jahre hinweg mehr importiert als exportiert.

# Verhalten der Industrieländer

Greifen wir nochmals auf das Bild der Pyramide zur Beschreibung der Entwicklungsunterschiede auf dem Weltmarkt zurück. Mit zahlreichen Maßnahmen versuchen die Länder des Nordens ihren industriellen Vorsprung abzusichern.

## Schutzzölle

Die klassische Methode zur Sicherung des Vorsprungs waren hohe Zollsätze auf Industriewaren und vergleichsweise niedrige Zollsätze auf unverarbeitete Rohstoffe und landwirtschaftliche Produkte. Dadurch wurde es dem Süden erschwert, Industrieerzeugnisse auszuführen. Stattdessen blieb er auf die Lieferung von Rohstoffen spezialisiert, also auf einen durch scharfen Wettbewerb geprägten Bereich. Heute spielen industrielle Schutzzölle eher eine untergeordnete Rolle, wichtiger ist der Agrarprotektionismus. Aus klimatischen Gründen, aber auch aufgrund des überreichlichen Angebots an billigen Arbeitskräften in der Landwirtschaft verfügen die Länder des Südens bei einer großen Zahl von landwirtschaftlichen Produkten über einen absoluten und bei den meisten arbeitsintensiven landwirtschaftlichen Produkten über einen relativen (komparativen) Vorteil gegenüber den Industrieländern. Doch der Norden hält seinen Agrarsektor weitgehend geschlossen und subventioniert sogar noch dessen Exporte in den Süden, wo diese die einfachen Bauern verdrängen.

### Der neue Protektionismus: Schutz des geistigen Eigentums

Mit der Gründung der Welthandelsorganisation wurde zugleich auch das Übereinkommen über handelsbezogene Aspekte der Rechte des geistigen Eigentums (TRIPS-Übereinkommen) vereinbart. Mit dieser Übereinkunft wird versucht, unter Drohung des Entzugs von Handelsprivilegien die im Rahmen der Weltorganisation für das geistige Eigentum (WIPO) vereinbarten völkerrechtlichen Verträge u.a. zum Urheberrecht, zum Markenschutz, zu geografischen Herkunftsbezeichnungen, zu gewerblichen Mustern und zu Patenten weltweit durchzusetzen. Die Initiative zu dieser Übereinkunft ging von jenen Ländern aus, deren Unternehmen führende Produzenten von Filmen, Musik und Software sind, die bekannte Markennamen besitzen (z.B. Nike), die dank ihrer langjährigen Forschungsaktivitäten über zahlreiche Patente verfügen (z.B. Bayer) und die es verstanden haben, ihre Agrarprodukte durch eine geografische Herkunftsbezeichnung als besondere Qualitätsprodukte zu vermarkten (z.B. Champagner). Für den Süden wird jedoch nicht nur der Zugang zu neuen Technologien verteuert, er läuft auch Gefahr, seine Bevölkerung nicht angemessen mit Medikamenten versorgen zu können.

### Schuldenkrise: Verfestigung des Nord-Süd-Gefälles

In den frühen Achtzigerjahren konnten viele Länder des Südens ihre Kredite nicht mehr zurückzahlen. Was war geschehen? Zur aufholenden Industrialisierung bedarf es großer Investitionen in die Infrastruktur, in neue Produktionsstätten und in die Ausbildung der Arbeitskräfte. Hierfür hatten sich diese Länder zu ursprünglich niedrigen Zinsen verschuldet. Doch auf die Dollar-Krise im Gefolge der zweiten Welle von drastischen Ölpreiserhöhungen (1979) reagierte die US-amerikanische Zentralbank mit einer dramatischen Zinserhöhung. Die hohen Zinsen drosselten die US-amerikanische Volkswirtschaft und damit auch ihre Nachfrage nach ausländischen Gütern. Für viele Länder des Südens blieben deshalb die bei der Kreditaufnahme gehegten Erwartungen in wachsende Absatzmärkte im Norden unerfüllt. Zugleich verteuerten die gestiegenen Zinsen in den USA die Kosten der weiteren Kreditaufnahme. So kamen sie in eine Schere: Sie hatten Investitionen mit Blick auf eine Nachfrage getätigt, die zu dem Zeitpunkt, als ihre Investitionen Früchte tragen sollten, nicht mehr existierte, und zugleich verteuerten sich die für diese Investitionen aufgenommenen Kredite.

## Auflagenpolitik: Der Norden nutzt die Fehler des Südens aus

Die in Zahlungsschwierigkeiten geratenen Länder erhielten vom Internationalen Währungsfonds und zum Teil von der US-amerikanischen Regierung Hilfe. Die Hilfe war allerdings an zwei Bedingungen geknüpft. Zum einen mussten die Schuldnerländer weiterhin für ihre Schulden aufkommen, wenngleich nicht sofort. Damit wurden sie zu den alleinigen Schuldigen der Schuldenkrise erklärt. Die Banken, die ihnen die Kredite förmlich aufgedrängt hatten, wurden für ihre unvorsichtige Kreditvergabe nicht in die Pflicht genommen. Aufgrund von Zinseszinsen stiegen während des gesamten Schuldenmanagements die Schulden weiter an (→ Schaubild 12). Nobelpreisträger Stiglitz brachte die traurige Wahrheit auf den Punkt:

„Wenn vom Westen empfohlene und gemeinsam mit westlichen Beratern konzipierte (sowie von der Weltbank oder anderen Institutionen finanzierte) Projekte in den Bereichen Landwirtschaft oder Infrastruktur scheitern, müssen die Armen in der Dritten Welt die Kredite dennoch zurückzahlen." (Stiglitz 2002: 22)

Zum anderen wurde die Hilfe nur unter Auflagen gewährt. Diese Auflagen entsprangen dem so genannten „Washingtoner Konsens". Dieser bezeichnet den entwicklungspolitischen Konsens der in Washington ansässigen nationalen (US-Regierung, Kongress, politiknahe Forschungsinstitute) und internationalen Entscheidungsträger (Weltbank, IWF

**Schaubild 12:** Schuldenent-
wicklung der Entwicklungsländer 1980-2000

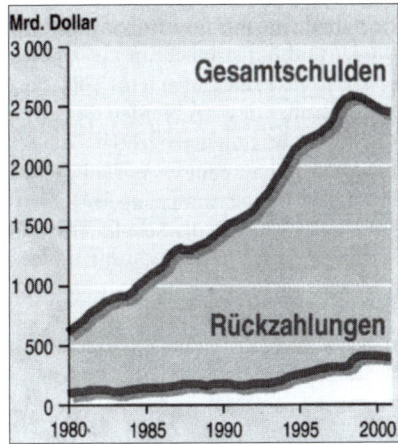

Quelle: Le Monde diplomatique
(Hrsg., 2003): Atlas der Globalisierung. Berlin: Taz Verlag

etc.), der seit den Achtzigerjahren vorherrscht. Er beinhaltet Maßnahmen zur Durchsetzung und Absicherung von Marktwirtschaften, die
nach außen offen sind und in denen die Grundregeln makroökonomischer Stabilität beachtet werden. Im Kern umfassen diese Maßnahmen
den Abbau von Zollschranken, die Privatisierung von Staatsunterneh-
men, die Rationalisierung der staatlichen Verwaltung und die Stärkung
der Marktkräfte. Ferner wurde ausgeglichenen Staatshaushalten und der
Sicherung der Preisstabilität ein hoher Stellenwert eingeräumt.

Insbesondere in Lateinamerika wurde der Washingtoner Konsens
umgesetzt. Trotz oder wegen dieser Maßnahmen haben die lateinamerikanischen Länder ihre wirtschaftliche Position gegenüber den anderen
Ländern der Welt nicht verbessern können. Zwischen 1996 und 2001
haben alle lateinamerikanischen Volkswirtschaften mit Ausnahme Bra-
siliens laut dem *Global Competitiveness Report* des Weltwirtschaftsfo-
rums niedrigere Rangplätze im Vergleich zu anderen Volkswirtschaften
hinnehmen müssen.

## Kapitalflucht: Der Norden als Komplize südlicher Eliten

Der Verlauf des Schuldenmanagements kann freilich nicht allein dem
Norden angelastet werden. In vielen Ländern des Südens haben die wirtschaftlich Mächtigen ihre Schulden gegenüber dem Ausland dem Staat
übereignet und ihr eigenes Vermögen im Ausland in Sicherheit gebracht.

Den Auslandsschulden einiger Länder steht das Privatvermögen ihrer Bürger und Bürgerinnen im Ausland fast in gleicher Höhe gegenüber, beispielsweise zu 75% im Jahre 2000 für Argentinien (Fanelli 2003: 56). Dadurch aber, dass der Norden die privaten Gläubiger nicht zur Verantwortung zieht und den Mächtigen der Schuldnerländer erlaubt, ihr Vermögen bei den heimischen Banken zu deponieren, wird er zu deren Komplizen bei der Abwälzung der Folgen fehlgeschlagener Investitionen auf die Bevölkerung der Schuldnernationen.

## Weiterführende Literatur

**United Nations, UN (2010):** The Millennium Development Goals Report 2010, New York
**Tetzlaff, Rainer (2008):** Afrika in der Globalisierungsfalle. Wiesbaden

# Hat die Globalisierung ein Geschlecht?

*Dass Globalisierung ein Geschlecht hat, zeigt sich auf unterschiedlichen Ebenen: Erstens sind Frauen weitgehend von den Gestaltungsprozessen der Globalisierung ausgeschlossen, denn diese werden hauptsächlich von Männern gesteuert. Zweitens hat die Globalisierung Auswirkungen, die Frauen in besonderer Weise betreffen. Das bedeutet nicht, dass sie eindeutig Verliererinnen der Globalisierung sind, sondern dass sich die Globalisierung ambivalent auf Frauen auswirkt. Während es einigen hoch qualifizierten Frauen in den reichen Industrieländern zunehmend gelingt, gut bezahlte Stellen zu besetzen, erfolgt die Einbindung in den Arbeitsmarkt für einen Großteil der Frauen in prekärer, informalisierter Beschäftigung. Drittens liegen der Globalisierungspolitik traditionelle Vorstellungen von Geschlechterrollen zugrunde, die nicht explizit gemacht werden, aber als unbewusste Normen auf die Art und Weise der Politikgestaltung wirken. Auf diese Weise wird die Marginalisierung von Frauen in die Strukturen der Globalisierung eingeschrieben und Politik zu ihren Ungunsten betrieben.*

## Globalisierung als männlicher Prozess

Ob in den Führungsetagen internationaler Organisationen wie der Weltbank, in Regierungen oder multinationalen Unternehmen: Vorangetrieben werden die Globalisierungsprozesse fast ausschließlich von männlichen Akteuren (Kreisky 2001). Unter den geschäftsführenden Vorstandsmitgliedern der in der Zeitschrift Fortune aufgeführten 500 umsatzstärksten Unternehmen der Welt befinden sich nur 3% Frauen. In Deutschland, dem einzigen von einer Frau regierten G8-Land, befindet sich unter den rund 200 DAX-30-Managern sogar nur eine Frau (Young/Schuberth 2010). Ein ähnliches Bild ergibt sich in der Politik. Insbesondere an den Schalthebeln der Wirtschaftspolitik finden sich selten Frauen (Gender-Datenreport 2005). Nicht nur auf den Bühnen internationaler Politik und Wirtschaft spielen Frauen selten die Hauptrolle, sondern auch im Bereich der Forschung: Männliche Professoren dominieren die Fächer Internationale Beziehungen und Internationale Politische Ökonomie. Dementsprechend wurden Geschlechterverhältnisse in der Forschung vernachlässigt und Globalisierung weitestgehend als ein geschlechtsneutraler Prozess dargestellt.

## Entstehung der geschlechtersensiblen Forschung

Frauen wurden zunächst in der entwicklungssoziologischen Debatte „entdeckt". Ester Boserup wies als Pionierin auf die bis dahin in der Entwicklungspolitik ignorierte Rolle von Frauen in der Landwirtschaft hin. Obwohl Frauen 60 bis 80% der Arbeitskraft in der Landwirtschaft in Afrika und Asien stellen, wurde die Rolle von Frauen in die Planung von Entwicklungspolitik nicht einbezogen, denn die vorherrschenden Vorstellungen von Frauen im globalen Süden verorteten diese vor allem in der Hausarbeit (Boserup 1970). Maria Mies (1986) zeigte auf, dass die Durchsetzung des Lohnarbeitsverhältnisses für Männer ohne den hohen Arbeitseinsatz der Frauen im Haushalt und in der Subsistenzlandwirtschaft nicht möglich gewesen wäre.

Die besondere Betroffenheit von Frauen durch Globalisierungsprozesse wurde weiterhin durch die Forschung zu den Auswirkungen der Strukturanpassungsprogramme herausgearbeitet.

Diverse Studien haben gezeigt, dass die neue internationale Arbeitsteilung Frauen auf höchst widersprüchliche Weise einbindet, woraus sich einerseits Flexibilisierungen in den Geschlechterverhältnissen und dadurch auch Freiheiten für Frauen ergeben, aber auch neue Abhängigkeiten und Ungleichheitsverhältnisse geschaffen werden (Visvanathan 1997). Während zum Beispiel Männer höhere Chancen auf eine reguläre, besser bezahlte Beschäftigung haben, gelingt Frauen der Eintritt in den Arbeitsmarkt größtenteils in prekärer, gering geschätzter Arbeit in Teilzeit oder auf befristeten Verträgen in Weltmarktfabriken, im Dienstleistungssektor, als Hausmädchen und im Bereich der Sexarbeit. Die Arbeitsbedingungen in diesen Sektoren sind durch überlange Arbeitszeiten, niedrige Löhne und mangelnde soziale Absicherung geprägt. Dennoch können einige Frauen durch ihre neue Rolle ökonomische Unabhängigkeit und damit Freiheiten in der Lebensgestaltung erlangen (Kabeer 2004). Geschlechtersensible Studien weisen weiterhin darauf hin, dass Frauen weltweit weniger Lohn erhalten als Männer und sich die geschlechtsspezifische Lohndifferenz im Zuge der Globalisierung in

einigen Ländern sogar vergrößert hat. In Europa verdienen Frauen zum
Beispiel 17,8% weniger als Männer, in Deutschland liegt das Arbeitsent-
gelt pro Stunde für Frauen um 23% unter dem für Männer (Eurostat).

**Schaubild 13:** Männer verdienen mehr als Frauen. Geschlechtsspezifische Lohn-
unterschiede in Prozent im mittleren Einkommensbereich bei Vollzeiterwerbstä-
tigen im Jahr 2006

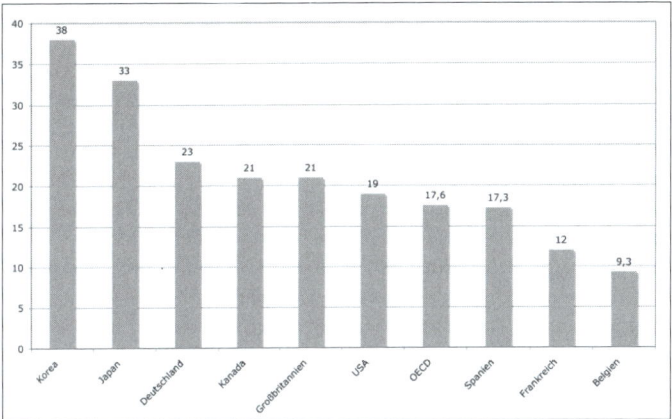

Quelle: Eigene Darstellung, Daten: Organisation for Economic Co-Operation and Development: www.oecd.org

## Von Frauen zu Gender

Ab den Neunzigerjahren fand eine Verschiebung in der geschlechtersensib-
len Forschung zu Globalisierung statt, die sich auf die theoretische Bestimmung der Kategorie „Geschlecht" bezog. Dominierte zuvor die Vorstellung,
dass Männer und Frauen qua Natur unterschiedlich seien, die Forschung,
änderte sich dies mit der Einführung des Konzepts „Gender". Diesem liegt
die Annahme zugrunde, dass Geschlecht nicht ein biologisches Merkmal von
Menschen ist, sondern sozial konstruiert. Die soziale Konstruktion drückt
sich darin aus, dass die den Geschlechtern zugeschriebenen Eigenschaften
und Verhaltensweisen nicht als natürlich, sondern als Produkt von Soziali-
sations- und Interaktionsprozessen verstanden werden. Demnach sind Männer nicht von „Natur" aus stark, rational und mutig, und Frauen nicht
schwach, sanftmütig und emotional, sondern Menschen erlernen diese jeweiligen Eigenschaften durch Erziehung, Medien und andere Institutionen.

Schon bei der Geburt von Menschen wird die Zuweisung zu einem Geschlecht auf der Grundlage der Geschlechtsorgane vorgenommen. Aus Genderperspektive lässt sich fragen: Warum wird gerade dieses Merkmal als Unterscheidungsgrundlage herangezogen? Wenn Geschlechtszuweisung überhaupt stattfinden muss, könnte diese auch aufgrund anderer Merkmale erfolgen, denn z.b. die Gebärfähigkeit von Frauen als Unterscheidungsmerkmal ist weniger eindeutig als gemeinhin angenommen wird: Nicht alle Frauen können immer Kinder bekommen, manche können es nie, die meisten nur in einem Drittel ihrer Lebenszeit. Dieser Zuweisung eines Geschlechts folgt ein Sozialisationsprozess, in dem Menschen die geschlechtsspezifischen Verhaltensweisen erst erlernen, denn die gesamte Erziehung ist darauf ausgerichtet, Menschen qua ihres Geschlechts heranwachsen zu lassen. Die geschlechtsspezifischen Verhaltensweisen fungieren als sozialer Erwartungshorizont an junge Menschen, so dass diese meist darauf bedacht sind, sich gemäß ihres Genders zu verhalten und somit selbst aktiv zur Fortschreibung von Geschlechtsstereotypen beitragen. Mädchen werden z.B. als „brav" konstruiert und folgerichtig immer gelobt, wenn sie sich still und unauffällig verhalten – während es für Jungen ganz „natürlich" scheint, wenn sie wild spielen und über die Stränge schlagen. Durch die Reaktionen ihres Umfelds werden diese Verhaltensweisen antrainiert (Peterson/Runyan 1993).

## Hierarchien zwischen den Geschlechtern

Das Konzept Gender macht nicht nur die soziale Konstruktion von Geschlecht sichtbar, sondern verweist auch auf die in das Geschlechterverhältnis eingeschriebene Hierarchie. Gendersensible ForscherInnen gehen davon aus, dass das westliche Denken auf einer binären Einteilung der Welt basiert. Diese Binarität zwängt die vielfältigen Formen der Realität in zwei gegensätzliche Pole, die entlang der Geschlechterlinie verlaufen und hierarchisch zueinander angeordnet sind. So zählt z.B. politische Öffentlichkeit zum „männlichen" Pol, der gegenüber dem „weiblichen" Pol – unpolitische Privatheit – privilegiert wird. Das bedeutet, dass die mit Männlichkeit assoziierten Eigenschaften höherwertig als die mit Weiblichkeit assoziierten Eigenschaften erscheinen. Frauen sind demnach z.B. in Führungspositionen auch deshalb wenig sichtbar, weil durch geschlechterstereotype Konstruktionen Führungsqualität als männliche Eigenschaft etabliert wurde. Analog dazu strukturiert Gender, was überhaupt als Arbeit zählt, wer welche Arbeit macht, welche Arbeit wertgeschätzt wird und welche nicht.

Feministische Marxistinnen haben schon früh darauf hingewiesen, dass die Marx'sche Theorie der Arbeitsteilung einen wesentlichen Aspekt vernachlässigt: die unbezahlte im Haushalt, der Pflege und Kinderversorgung geleistete Arbeit. Diese „Reproduktionsarbeit" umfasst die komplette Organisation des Haushalts: Waschen, Einkaufen, Putzen, die Versorgung der Kinder und pflegebedürftigen Eltern und des Ehemannes im Falle von Krankheit. Diese Arbeiten sind kaum sichtbar, sie sind weder entlohnt noch gesellschaftlich anerkannt. Jedoch ist die formelle Ökonomie ohne diese Reproduktionsarbeiten überhaupt nicht denkbar. Die Vollzeiterwerbstätigkeit des Mannes im Fordismus basierte beispielsweise darauf, dass die Arbeit im Reproduktionsbereich von der so genannten Hausfrau erledigt wurde. Demnach ist die Reproduktionsarbeit die grundlegende Voraussetzung der kapitalistisch organisierten Erwerbsarbeit. Letztere wurde in modernen Gesellschaften als traditionell „weibliche" Sphäre angesehen und wird noch immer den Frauen zugeschrieben.

## Intersektionale und postkoloniale Perspektiven

In den letzten Jahren wurde das Konzept Gender in den Forschungen zu „Intersektionalität" erweitert. Eine intersektionale Perspektive geht davon aus, dass Gender keine isolierte Kategorie darstellt, d.h. die Diskriminierung von Menschen nicht allein aufgrund ihres sozialen Geschlechts erklärt werden kann. Der Begriff der Intersektionalität verweist auf die Verwobenheit von Gender mit anderen Kategorien sozialer Diskriminierung wie z.B. Ethnizität, Klasse, Alter (Knapp 1995). Diese Perspektive trägt dazu bei, die Annahme, alle Frauen bzw. Männer seien gleich, aufzubrechen und führt dazu, dass eine differenzierte Analyse gesellschaftlicher Verhältnisse möglich wird. Dies ist auch das Anliegen von postkolonialen Forschungen, die sich mit der Frage beschäftigen, inwiefern heutige Nord-Süd-Beziehungen von gesellschaftlichen Dynamiken, die durch den Kolonialismus geprägt wurden, durchzogen sind. Postkoloniale Forschungen weisen darauf hin, dass die westliche Art des Denkens und Sprechens dominant gegenüber anderen ist. Da diese Dominanz jedoch nicht reflektiert wird, erscheint die weiße, westliche Perspektive als Norm. Demnach verweist die postkoloniale Forschung darauf, dass das Sprechen über Frauen sich in erster Linie auf Frauen und deren Lebensrealitäten in westlichen Gesellschaften bezieht. Die Lebensrealitäten von Frauen im globalen Süden und die Differenzen zwischen Frauen an unterschiedlichen Orten der Welt werden auf diese Weise unsichtbar. Was daraus folgt ist, dass die Stimmen nicht westlicher Frauen entweder verschwiegen werden oder als „anders" und von der Norm abweichend besonders betont werden (Löw 2009).

### Gender

Das Konzept Gender verdeutlicht, dass Geschlecht nicht ein biologisches Merkmal von Menschen ist, sondern eine soziale Konstruktion: Die den Geschlechtern zugeschriebenen Eigenschaften und Verhaltensweisen sind nicht natürlich, sondern ein Produkt von Sozialisations- und Interaktionsprozessen. Das Konzept Gender verweist auch auf die in das Geschlechterverhältnis eingeschriebene Hierarchie, die sich darin ausdrückt, dass die mit Männlichkeit assoziierten Eigenschaften als höherwertig gegenüber den mit Weiblichkeit assoziierten Eigenschaften angesehen werden. In der Forschung zu Intersektionalität wird Gender ergänzt um andere Kategorien sozialer Diskriminierung, weil die soziale Positionierung innerhalb der Gesellschaft nicht ausreichend auf der Grundlage des sozialen Geschlechts erklärt werden kann.

## Herrin und Magd

Durch die Übernahme der Genderperspektive hat sich die geschlechtersensible Forschung zu Globalisierung verändert. Es wird nicht mehr nur danach gefragt wird, inwiefern besonders Frauen von Globalisierungsprozessen betroffen sind, sondern die Veränderungsdynamik von Globalisierungsprozessen wird in ihrem Zusammenhang mit Gender betrachtet. Das Verständnis von der Globalisierung als einseitigem Mechanismus, der auf Frauen wirkt, weicht einer Sichtweise, die Gender und Globalisierung nicht als getrennte Dimensionen und Prozesse versteht, sondern als untrennbar miteinander verwoben. Gender stellt demnach eine konstitutive Dimension von Globalisierung dar (Marchand/Runyan 2000). Dementsprechend fragt die Forschung danach, wie die sich im Zuge der Globalisierung herausbildenden Produktionsweisen, die Transformation des Staates und Gender im Zusammenhang stehen. Analytisch lässt sich eine solche Perspektive mit dem Konzept „Genderregime" fassen.

Genderregime sind „institutionalisierte Geschlechterpraktiken und Formen, die als ein Geflecht von Normen, Regelungen und Prinzipien in den Strukturen gesellschaftlicher Praktiken verankert sind" (Young 1998). Das Genderregime im Fordismus basierte auf der strikten Trennung von

Privatheit und Öffentlichkeit, auf der rechtlich abgesicherten Zuweisung der Ernährerrolle an Männer und der sich daraus ergebenden Verantwortlichkeit von Frauen für den Haushalt. Die Globalisierungsprozesse bauen auf diesem Genderregime auf und verändern dieses zur gleichen Zeit. Vor allem hoch qualifizierte Frauen verlassen durch die Integration in den Arbeitsmarkt zunehmend die Sphäre der Privatheit. Allerdings ändert sich damit nicht die Verantwortlichkeit von Frauen für die Reproduktionsarbeit, wodurch ein Vereinbarkeitsproblem entsteht. Als Ausweg aus diesem Dilemma nehmen sozial privilegierte Frauen zunehmend die Möglichkeit in Anspruch, Haushaltstätigkeiten an sozial weniger privilegierte Frauen – meist mit Migrationshintergrund – auszulagern. Die Zuständigkeit für die Haushaltsarbeit verbleibt demnach zwar weiterhin bei den Frauen, wird jedoch innerhalb der Gruppe von Frauen von sozial privilegierten Frauen an Frauen mit niedrigerem Status weitergegeben. Diese informalisierte Tätigkeit von Migrantinnen im Haushalt ist demnach eine zentrale Voraussetzung für den Karriereweg von hoch qualifizierten Frauen. Dieses Beispiel von „Herrin und Magd" verdeutlicht, dass Globalisierung zwar Chancen für hoch qualifizierte Frauen schafft, in den formellen Arbeitsmarkt integriert zu werden, wodurch die Ungleichheiten zwischen gut ausgebildeten Frauen und Männern aus der Mittelklasse verringert wird. Jedoch verschärfen sich durch die daran geknüpfte neue Arbeitsteilung im Haushalt die Ungleichheiten zwischen Frauen entlang der Linien von Klasse und Ethnizität (Young 2000).

**Schaubild 14:** Ziel- und Herkunftsländer von Hausangestellten

Quelle: Le Monde diplomatique (Hrsg., 2006.): Atlas der Globalisierung. Die neuen Daten und Fakten zur Lage der Welt. Berlin: Taz Verlag

## Geschlechterwissen der Globalisierungspolitik

Dass Globalisierung ein Geschlecht hat, haben wir nicht nur am Ausschluss von Frauen aus der Gestaltung der Globalisierung oder an deren genderspezifischen Auswirkungen zum Beispiel im Bereich der neuen Arbeitsteilung gesehen. Es gibt noch eine weitere Ebene, die durch Gender geprägt ist. Das ist der Bereich des Wissens. Alles, was wir über die Welt wissen, bestimmt unsere Wahrnehmung und strukturiert das, was wir normal und richtig finden. Das sind zumeist implizite Annahmen, die uns nicht bewusst sind und dennoch unsere soziale Welt ordnen. Auch Theorien oder politischen Entscheidungen liegen ein bestimmtes Wissen und Basisannahmen über die Welt zugrunde. Die Genderforschung geht davon aus, dass dieses Wissen auch immer Wissen über Geschlecht beinhaltet. Dieses „Geschlechterwissen" umfasst an gesellschaftlichen Normen orientierte Vorstellungen von Geschlechterrollen. Deshalb empfinden wir es manchmal als Irritation, wenn sich z.B. zwei Frauen in der Straßenbahn küssen, denn Homosexualität ist in vielen Gesellschaften zwar legal, aber erscheint noch immer als Abweichung von der Norm, als besonders erwähnenswert. Für die Analyse von Genderaspekten in der Globalisierung ist diese Erkenntnis insofern wichtig, da sowohl die Theorien, welche die Globalisierungspolitik informieren, als auch konkrete politische Entscheidungen auf Geschlechterwissen beruhen. Demnach drängt sich die Frage auf, was die impliziten und expliziten Annahmen über Geschlecht in der Globalisierung sind.

Die Theorien von Arbeitsteilung beachten nicht die Reproduktionsarbeit und damit auch nicht die Frauen, die diese leisten. Gleiches gilt für makroökonomische und handelstheoretische Modelle, denn indem diese nur die produktive Arbeit in ihre Modellierungen einbeziehen, wird die Reproduktionsarbeit als zentraler Bestandteil der formellen Ökonomie verschwiegen und damit die traditionelle Trennung der beiden Sphären fortgeschrieben. Die Folge ist, dass die Auswirkungen makroökonomischer Veränderungen auf die Reproduktionssphäre und damit auf Frauen nicht berechnet werden können und die Bedürfnisse von Frauen in der Politikformulierung nicht beachtet werden.

Aus diesem Grund fordern feministische Ökonominnen ein „Engendering" der makroökonomischen und handelstheoretischen Modelle, also deren Gestaltung aus gendersensibler Perspektive. Die im Haushalt geleistete Versorgungsarbeit soll als notwendige Arbeit in der Politikformulierung berücksichtigt werden. Feministische Ökonominnen haben „Gender Budgets" als finanzpolitisches Instrument entwickelt.

Damit sollen die Berechnung der Staatshaushalte um ein geschlechtersensibles Wissen erweitert und die unterschiedlichen Auswirkungen des Staatshaushaltes auf Frauen und Männer analysiert werden. Diese gendersensible Aufschlüsselung der Budgets soll sicherstellen, dass Frauen den gleichen Zugang zu öffentlichen Mitteln erhalten wie Männer, dass der Ausbau von Autobahnen nicht Vorrang vor Kindertagesstätten hat. Eine zentrale Frage dabei ist, welche Geschlechter wie von den Staatsausgaben profitieren oder von Einsparungen betroffen sind (Caglar 2009). Beispielsweise zeigt eine gendersensible Analyse der in der Wirtschafts- und Finanzkrise im Winter 2008/2009 erlassenen Konjunkturpakete zur Stabilisierung der Wirtschaft und Sicherung der Beschäftigung, dass die Maßnahmen überwiegend Branchen mit einem höherem Männer- als Frauenanteil zugute kommen. Frauendominierte Sozial- und Dienstleistungsbranchen sind in den Konjunkturpaketen überhaupt nicht berücksichtigt, dementsprechend existiert kein Schutz vor krisenbedingtem Arbeitsplatzverlust für Frauen, die in diesen Bereichen beschäftigt sind (Schambach 2010).

Ein Blick auf ökonomische Migrationstheorien, welche die Gestaltung von Migrationspolitik beeinflussen, zeigt, dass diesen ein sehr verkürztes und traditionelles Verständnis von Geschlechterrollen zugrunde liegt. Unreflektiert wird der männliche Migrant als der „normale" Migrant angenommen und davon ausgegangen, Frauen würden nicht als eigenständige Akteurinnen migrieren, sondern nur in Abhängigkeit von ihrem Ehemann. Diese Annahme widerspricht der gelebten Migrationsrealität von Frauen. So war Mitte der 1960er Jahre rund ein Viertel der angeworbenen „GastarbeiterInnen" weiblich und viele Migrantinnen kamen ohne Familienangehörige. In Sri Lanka sind heutzutage sogar rund 70% aller Auswandernden Frauen. In Staaten wie Ekuador, Moldawien oder den Philippinen leben viele Kinder, deren Mütter im Ausland arbeiten und regelmäßig Geld nach Haus überweisen. Diese Diskrepanz zwischen Theorie und Migrationsrealität muss zwangsläufig zu einer unzureichenden Politikgestaltung führen.

Das den Modellen zugrunde liegende traditionelle Geschlechterwissen kommt weiterhin in einem unreflektierten Verständnis von Familie als Zusammenleben eines Ehemannes mit seiner Ehefrau zum Ausdruck, welches andere Lebensformen nicht als Familie anerkennt. Einem solchen Bild von Familie liegt die Annahme zugrunde, dass jeder normale Erwachsene einem eindeutigen Geschlecht zuzuordnen ist und qua Natur eine romantische Beziehung mit einer Person des anderen Geschlechts eingeht, was zur Gründung einer Familie führt. Solche Annahmen können als heteronormatives Geschlechterwissen bezeichnet werden. Heteronormativ ist das Wissen deshalb, weil es ganz selbstverständlich davon ausgeht, dass Männer Frauen begehren und umgekehrt. Dies wird nicht als eine Möglichkeit, sexuelle Beziehungen zu gestalten, deutlich gemacht, sondern als die scheinbar einzige. Auf diese Weise werden lesbische, schwule und bisexuelle Lebensweisen unsichtbar und die heteronormative Kleinfamilie als gesellschaftliche Norm abgesichert (Eberhard/Schwenken 2010). An diesem Beispiel zeigt sich sehr deutlich, dass den die internationale Politik beeinflussenden Theorien bestimmte Vorstellungen von Geschlechterrollen und des Zusammenlebens von Menschen zugrunde liegen. Demnach sind Globalisierungspolitiken und die dadurch regulierten Prozesse ebenfalls nicht geschlechtsneutral.

## Weiterführende Literatur

**Habermann, Friederike / Ziai, Aram (2009):** Von ‚triad analytics‘ bis ‚worldism‘: Feministische Perspektiven in der IPÖ. In: Hartman, Eva / Brand, Ulrich / Kunze, Caren (Hrsg.): Globalisierung, Macht und Hegemonie. Münster, S. 70–91

**Marchand, Marianne H. / Runyan, Anne Sisson (2000; Hrsg.):** Gender and Global Restructuring. Sightings, Sites and Resistances. London; New York

**Wichterich, Christa (2009):** Gleich, gleicher, ungleich. Paradoxien und Perspektiven von Frauenrechten in der Globalisierung. Sulzbach

# Eine andere oder keine Globalisierung?

*Unter dem Stichwort „Globalisierungskritik" versammelt sich eine Bandbreite von Positionen und Akteuren quer durch alle politischen Spektren. Die in der Linken verorteten Akteure kritisieren in erster Linie die durch die Globalisierung forcierte gesellschaftliche Ungleichheit und schlagen diverse Wege für eine alternative Gestaltung der Globalisierung vor. Diese unterscheiden sich je nach Strategie und angestrebtem Veränderungsgrad. Ihren politisch-praktischen Ausdruck finden die Vorschläge in erster Linie in der globalisierungskritischen Bewegung. Diese stellt als weltweit agierendes Netzwerk unterschiedlichster politischer Gruppierungen die aktuelle Form der Globalisierung nachhaltig in Frage und zeigt im Sinne ihres Mottos „Eine andere Welt ist möglich" Perspektiven für eine gerechtere Gestaltung der Welt auf.*

## Pole aktueller Globalisierungskritik

So vielfältig wie die Globalisierung selbst sind auch ihre Kritiker. Die kontroversen Positionen zu den aktuellen Globalisierungsprozessen lassen sich holzschnittartig zunächst in zwei Lager unterteilen: Gegner der Globalisierung und Kritiker, die sich für eine *andere* Globalisierung einsetzen.

Zu den Gegnern der Globalisierung zählen z.B. „rechte Anti-Globalisierer" (Leggewie 2003). In Deutschland wird diese Position weitestgehend von neo-nationalsozialistischen Strömungen getragen. Die „deutsche Nation" wird aus dieser Perspektive als Opfer der Globalisierung stilisiert. Dementsprechend fordern rechte Kräfte die Bedeutung nationaler Identität zu stärken und einen Rückzug aus transnationalen Zusammenhängen.

Zu den Globalisierungsgegnern lassen sich auch fundamentalistische religiöse Gruppierungen zählen wie z.B. „islamistische" Globalisierungsgegner, deren Argumentation sich in erster Linie aus ihrer Gegnerschaft zu den USA und Israel speist. Anti-Kolonialismus, Anti-Imperialismus und Anti-Zionismus vermengen sich hier zu einem kohärenten Weltbild:

Der globalisierte Kapitalismus – als Erbe des Kolonialismus – wird als Waffe des „Westens" gesehen. Dieser führt unter Vorherrschaft der USA gegen die vermeintlich unterlegene und wehrlose islamische Welt einen unerklärten Krieg. Dessen Schlachtfeld findet sich in dieser Lesart im seit Jahrzehnten schwelenden Nahost-Konflikt.

Das Spektrum derjenigen Akteure, die sich für eine andere Globalisierung einsetzen, verortet sich im weitesten Sinne in der politischen Linken, fächert sich dort jedoch ebenfalls breit aus. Der kleinste gemeinsame Nenner besteht in der Kritik an der neoliberalen Ausgestaltung der Globalisierung. Laut GlobalisierungskritikerInnen steht die neoliberale Globalisierung für die markförmige Gestaltung gesellschaftlicher Beziehungen durch Handelsliberalisierung, Strukturanpassungsmaßnahmen, Deregulierung und Privatisierung. Diese Maßnahmen würden die bestehende soziale Ungleichheit noch verschärfen, Menschenrechte missachten, demokratische Teilhabe einschränken und den Raubbau an der Natur vorantreiben (Deckwirth 2007).

## Die WTO und Privatisierungen als Kristallisationspunkte der Kritik

Eine gemeinsame Zielscheibe der Globalisierungskritik ist die Politik der Welthandelsorganisation. Ihr wird vorgeworfen, dass sie im Dienste der reichen Industrieländer auf eine schnelle Liberalisierung der Märkte im globalen Süden drängt, während diese ihre eigenen Märkte vor allem für Agrarprodukte aus dem globalen Süden abschotten. Durch Zollsenkungen und Abbau von Importquoten fördere die Liberalisierungspolitik der WTO eine primär export-orientierte Wachstumspolitik. Obwohl in vielen Ländern des globalen Südens durchaus ein Exportzuwachs zu verzeichnen sei, überstiegen hier meist die Importe die Exporte, was nur durch weitere Verschuldung zu finanzieren sei. Die Schwemme an billigen Importen verdränge zudem die Waren aus lokaler Produktion (Setton et al. 2008).

Ein weiterer Kristallisationspunkt der Bewegung ist die Kritik an der Privatisierung von öffentlichen Dienstleistungen, die wegen ihrer Folgen für die gleichberechtigte Teilhabe am gesellschaftlichen Leben problematisiert wird. Wenn die Bereitstellung von Bildung, Wasser oder Energie ökonomischen Effizienzkriterien unterworfen wird, orientiere sie sich nicht mehr an den Bedürfnissen der Menschen. Des Weiteren beschneide die marktvermittelte Bereitstellung das Recht der BürgerInnen auf einen freien Zugang und die Preise würden langfristig sogar anstei-

gen. Dies wirke sich vor allem negativ auf einkommensschwache Bevöl-
kerungsgruppen aus (Hauschild 2004).

## Vorschläge für eine andere Globalisierung

Aus Perspektive der GlobalisierungskritikerInnen ist es nicht die Globalisierung an sich, die verändert werden muss, sondern ihre neoliberale,
marktorientierte Ausrichtung. Andere Dimensionen menschlichen Handelns – jenseits der Ökonomie – sind aus ihrer Sicht noch nicht globalisiert genug. So können sich Waren zwar frei bewegen, Menschen jedoch
nicht. Die freie Mobilität von Menschen über nationalstaatliche Grenzen
hinweg und die globale Anerkennung der Grundrechte sind wesentliche
Forderungen von einigen Akteuren der globalisierungskritischen Bewegung. Die Forderung nach der Globalisierung von Rechten bezieht sich
auch auf die politische Ebene: Während die Wirtschaft global agiert und
die Globalisierung prägt, ist die Teilhabe der Zivilgesellschaft an internationalen politischen Entscheidungsprozessen stark eingeschränkt.

Des Weiteren ist die globale Ausbreitung des Kommunikationsnetzes
eine wesentliche Voraussetzung für die Planung von Protestereignissen
über die Ländergrenzen hinweg. Ebenso beruht die alltägliche Arbeit von
Nichtregierungsorganisationen ganz wesentlich auf der grenzüberschreitenden Zusammenarbeit (Leggewie 2003).

In der Frage nach der anderen Gestaltung der Globalisierung bestehen
unterschiedliche Positionen. Diese lassen sich entlang der Steuerungsme-
chanismen, die sie vorschlagen – marktförmig, politisch, gesellschaftlich
– und dem Grad der angestrebten Veränderung differenzieren. Während
systemkonforme Positionen nur bestimmte Auswüchse der Globalisierung kritisieren und sich in ihren Vorschlägen auf die Re-Regulierung von
Teilbereichen der Globalisierung – wie Finanzmärkte – beschränken,
schlagen radikalere Positionen einen tiefgehenden gesellschaftlichen Wandel vor, der umfassende Veränderungen in der Weltwirtschaft vorsieht. Sie
wollen nicht den Staat als Gegengewicht zur „entfesselten Wirtschaft"
stärken, sondern streben neue Formen von Produktion und Handel an.

## Fairer Handel

Eine Alternative zur aktuellen Form der Globalisierung ist der „Faire
Handel". Dieser zielt durch die Schaffung gerechterer Handelsbeziehun-

gen darauf, die Situation der benachteiligten ProduzentInnen im globalen Süden zu verbessern. Die Fairhandelsbewegung setzt auf Bewusstseinsmobilisierung der KonsumentInnen, indem sie versucht den Blick auf die in das Welthandelssystem eingeschriebenen Ungleichheiten zu öffnen. Fair ist Handel dann, wenn soziale und ökologische Mindeststandards in der Produktion eingehalten und entsprechende Preise gezahlt werden. Dementsprechend werden im fairen Handel Produkte, die von Kooperativen im globalen Süden hergestellt wurden, mit wenig Zwischenhandel zu angemessenen Preisen vertrieben.

Andere Akteure der Fairhandelsbewegung weisen auf die skandalösen Arbeitsbedingungen in vielen Zulieferbetrieben großer Marken- und Handelsunternehmen hin. Mittels Konsumboykott wird Druck auf Großunternehmen ausgeübt, für bessere Arbeitsbedingungen bei den Zulieferern im globalen Süden zu sorgen. Es ist jedoch fraglich, ob die Bewusstseinsmobilisierung der KonsumentInnen ausreicht, denn selbst bei Kaufentscheidungen, die das Wohl der KonsumentInnen direkt betreffen (z.B. Lebensmittel), setzen sich nach einer ersten Panik alte Kaufgewohnheiten durch. Dies ist im Falle von öffentlichen Vorwürfen, die nicht auf das Produkt, sondern auf den Herstellungsprozess zielen, aufgrund der geringen persönlichen Betroffenheit noch wahrscheinlicher.

## Finanztransaktionskostensteuer

Ein anderer breit diskutierter Vorschlag bezieht sich auf die Besteuerung von Finanzgeschäften. Dieser Vorschlag richtet sich direkt an die Politik. Vor allem das in der globalisierungskritischen Bewegung verortete Netzwerk *Attac*, welches 1998 als „Netzwerk zur demokratischen Kontrolle der Finanzmärkte" – vor dem Hintergrund der Asienkrise – in Frankreich gegründet wurde, hat diesen Vorschlag prominent gemacht. Auf jedes internationale Währungsgeschäft (z.B. Kauf oder Verkauf von US-Dollars oder Euros an den Devisenmärkten) soll eine geringe Steuer von bis zu einem Prozent erhoben werden. Was sich zunächst wie eine vernachlässigbare Größe anhört, wächst angesichts des modernen Devisenhandels schnell zu einer relevanten Summe heran, denn Währungsgeschäfte finden oftmals in Sekundenbruchteilen statt. Von der Transaktionskostensteuer erhoffen sich die BefürworterInnen erstens eine Stabilisierung des Finanzsystems durch die Verlangsamung der spekulativen Devisengeschäfte und zweitens Einkünfte für UNO-Programme zugunsten der Entwicklungsländer (Attac 2004).

Zuletzt vor dem Hintergrund der globalen Wirtschaftskrise haben sich immer wieder Angehörige verschiedener Regierungen Europas für die Einführung einer solchen Steuer ausgesprochen, jedoch bis dato ohne Konsequenzen. Obwohl eine solche Steuer die derzeitige Globalisierung nicht in Frage stellt, wird sie von breiten Kreisen der Geschäftswelt abgelehnt.

## De-Globalisierung

Ein umfassenderer Vorschlag für eine andere Gestaltung der Globalisierung wurde von Walden Bello, Direktor der thailändischen Nichtregierungsorganisation *Focus on the Global South* und zentraler Akteur in der Sozialforumsbewegung, mit dem Konzept der „De-Globalisierung" gemacht (Bello 2007). Das Konzept setzt nicht auf die Einhegung bestimmter Auswüchse der Globalisierung, sondern will die darunter liegenden Ursachen der weltweiten sozialen und ökologischen Verwerfungen verändern. Diese verortet Bello in den Strukturen der internationalen Arbeitsteilung.

Vom Standpunkt des globalen Südens aus geht es Bello vor allem darum, die Dynamik der zunehmenden Durchsetzung von Freihandel und Marktprinzipien zu brechen. Da seines Erachtens jedoch die Politik von Weltbank, WTO und IWF nicht mit institutionellen Reformen zu verändern sei, müsste diese „dekonstruiert" werden. Erst durch die Dekonstruktion, also durch das Einreißen bestehender Strukturen kann etwas „Neues" rekonstruiert werden. Dieses Neue entsteht laut Bello nicht „von oben", sondern aus den jeweiligen sozialen Kontexten, lokalen Gemeinschaften und Ökonomien heraus. Dabei geht es nicht um den kompletten Rückzug aus der internationalen Wirtschaft, sondern darum, Entscheidungsbefugnisse zurück auf die lokale und nationale Ebene zu verlagern. Die exportorientierte Produktion soll auf den Binnenmarkt ausgerichtet werden. Bellos Vision ist ein dynamischer Binnenmarkt, der nicht auf Wachstum und Gewinnmaximierung basiert, sondern auf einem neuen System des Austauschs, welches lokale und regionale Akteure bündelt und transnationale Unternehmen ausschließt, denn die Produktion von Waren und Dienstleistungen soll weniger auf die firmengesteuerte Konsumkultur als auf die Bedürfnisse der Menschen eingehen. De-Globalisierung bedeutet demnach, die „Wirtschaft wieder in die Gesellschaft einzubetten, anstatt in einer Gesellschaft zu leben, die durch Wirtschaft gelenkt wird" (ebd.: 65).

Die daraus entstehende Vielfalt der dezentralen wirtschaftlichen Prozesse sollen dem zentralen Regelwerk auf globaler Ebene entgegengesetzt werden. Sein Vorschlag ist ein pluralistisches System von Institutionen und Organisationen, die auf der Basis vor allem flexibler Abkommen interagieren.

Ein solcher Vorschlag für eine andere Gestaltung der Globalisierung ist sehr voraussetzungsreich, geht es doch um eine grundlegende Umgestaltung des Weltwirtschaftssystems und der kapitalistischen Produktionsweise. Dies setzt die Bereitschaft der Menschen in reichen Ländern voraus, den bereits erreichten Lebensstandard aufzugeben. Diese völlige Abkehr von bisher beschrittenen Pfaden wird gegen die hegemonialen Kräfte in der aktuellen gesellschaftlichen Situation schwer durchsetzbar sein. Jedoch besteht ein zentrales Merkmal von Globalisierungskritik darin, nicht nur Vorschläge zur Reform des Bestehenden zu machen, sondern Denkräume jenseits „ausgetretener Pfade" zu öffnen. Nur auf diese Weise wird es aus globalisierungskritischer Perspektive möglich, neue Wege gesellschaftlichen Zusammenlebens auszuloten (Wissen et al. 2003).

## Wer sind die GlobalisierungskritikerInnen?

Den politisch-praktischen Ausdruck finden die Vorschläge für eine andere Gestaltung der Globalisierung in der globalisierungskritischen Bewegung. Diese ist ein heterogenes weltweites Netzwerk aus AktivistInnen, die in unterschiedlichsten Formen auf lokaler, nationaler oder transnationaler Ebene organisiert sind. Die Bewegung umfasst unterschiedlichste Akteure von linksradikalen Gruppen, über Vernetzungsforen wie *Attac* oder *Via Campesina*, Gewerkschaftsorganisationen, die Land- und Erwerbslosenbewegung, die Wasser- und Klimabewegung hin zu Intellektuellen (Walden Bello, Naomi Klein, Susan George), Nichtregierungsorganisationen und christlichen Organisationen. Das Neue an der globalisierungskritischen Bewegung im Vergleich zu anderen sozialen Bewegungen liegt vor allem in ihrer transnationalen Ausrichtung und Heterogenität, die nicht als Problem, sondern vielmehr als ihre Stärke angesehen wird (Raiser/Warkalla 2002). Im Unterschied zu früheren Bewegungen wie z.B. der Arbeiterbewegung, die von einer Klasse getragen wurde und sich auf den Marxismus stützte, hat die globalisierungskritische Bewegung keine einheitliche soziale Basis und auch kein politisches, ideologisches oder geographisches Zentrum. Die Bewegung lebt von den produktiven Spannungen, die sich aus der Vielfalt an Positionen von Fair Trade über die Finanztransaktionssteuer bis hin zur De-Globalisierung und aus verschiedenartigen Organisierungsformen ergeben.

Gleichzeitig agieren die einzelnen Gruppen oder Bündnisse auch als eigenständige Akteure, die konkrete Forderungen aufstellen oder als Nichtregierungsorganisationen Lobbypolitik betreiben.

## Politikformen der globalisierungskritischen Bewegung

Im größeren Rahmen öffentlich wahrnehmbar wurde die globalisierungs-kritische Bewegung erstmalig mit den Protesten gegen die Ministerkonfe-renz der WTO in Seattle 1999. Nicht nur 50.000 Menschen vor Ort brach-ten ihre Unzufriedenheit mit den Folgen des Welthandelssystems zum Ausdruck, auch rund 1400 Gruppen aus 89 Ländern hatten eine gemein-same Erklärung unterschrieben und führten im Rahmen des „Global Ac-tion Days" in den jeweiligen Ländern Protestaktionen durch (Habermann 2002). Innerhalb der Bewegung werden die Proteste in Seattle als Erfolg gefeiert, da die Konferenz nicht mit einer gemeinsamen Erklärung der WTO abgeschlossen wurde. Die bisher größte Mobilisierung in Europa erfolgte zum G8-Gipfel in Genua im Juni 2001. Aber nicht nur wegen der Größenordnung stellt Genua für die Bewegung ein einschneidendes Er-lebnis dar, sondern vor allem aufgrund der massiven Repression seitens der Polizei, die darin gipfelte, dass ein Demonstrant erschossen wurde. Seitdem finden die Gipfel nicht mehr in Großstädten, sondern in entlege-nen Gegenden statt. Der Gipfelprotest in Heiligendamm im Sommer 2007 markiert das bisher größte Ereignis für die globalisierungskritische Bewe-gung in Deutschland. Ungefähr 13.000 Menschen blockierten die Zu-fahrtswege zum Tagungszentrum (Brand 2007).

Die Mobilisierung zu diesen Großereignissen soll eine Gegenöffent-lichkeit schaffen, also die breite Öffentlichkeit für die von der Globalisie-rung produzierten Ungleichheiten sensibilisieren und Alternativen aufzeigen. Hierzu werden unterschiedliche Aktionsformen genutzt: Groß-demonstrationen, alternative Gipfel und direkte Aktionen. Besonders medienwirksam sind z.B. die Clowns, das Straßentheater, Samba-Bands und der sogenannte ‚Schwarze Block' (→ zu unterschiedlichen Protestfor-men: Amman 2004). Dabei sind die Proteste auf diesen Großereignissen nur ein Ausdruck der kontinuierlichen Arbeit der Akteure, die in lokalen, nationalen und auch transnationalen Kontexten agieren. Andere Protest-formen sind Kampagnen wie „Erlassjahr" oder „Gerechtigkeit jetzt", die von Nichtregierungs-, christlichen und parteinahen Organisationen ge-tragen werden und direkten politischen Druck auf Entscheidungsträge-rInnen ausüben sollen. Politische Bildungsarbeit, die sowohl der internen inhaltlichen Verständigung und Erarbeitung von Strategien dient als auch über Probleme der Globalisierung aufklärt, ist ein weiterer Schwerpunkt der Bewegung (Bemerburg/Niederbacher 2007).

Weitere Orte für Vernetzung und Dialog jenseits der Gipfel sind die Sozialforen. Die ersten beiden Weltsozialforen fanden 2001 und 2002 in Porto Alegre/Brasilien parallel zum *World Economic Forum* statt und stellten so einen „symbolischen Kontrapunkt" (Brand/Heigl 2007: 166) zu den herrschenden Prozessen der neoliberalen Globalisierung dar. Mehr als eine Million Menschen nahm an der Abschlussdemonstration teil, sodass sich die Foren zu einem wichtigen Kristallisationspunkt und Moment der Identitätsbildung der Bewegung entwickelten. Das dort praktizierte Konzept des „offenen Raumes" soll einen produktiven Umgang mit der Vielfalt der Bewegung ohne Bevormundungen ermöglichen (Brand/Heigl 2007). Seit 2002 setzt sich das Sozialforumskonzept auch auf europäischer und nationaler Ebene durch.

### Merksatz

**Die Globalisierungskritik ist so vielfältig wie die Globalisierung selbst. Während sich rechte und fundamentalistische Gruppen gegen die Globalisierung aussprechen, setzt sich der Großteil der GlobalisierungskritikerInnen für eine andere, sozial und ökologisch nachhaltigere Gestaltung ein. Das Spektrum reicht von systemkonformen Reformen in Teilbereichen der Globalisierung bis hin zu systemüberwindenden Forderungen nach neuen Eigentumsverhältnissen.**

### Weiterführende Literatur

**Brand, Ulrich (2005):** Gegen-Hegemonie. Perspektiven globalisierungskritischer Strategien. Hamburg

**Habermann, Friederike (2009):** Halbinseln gegen den Strom. Anders leben und wirtschaften im Alltag. Sulzbach

**Rucht, Dieter / Roth, Roland (2008):** Globalisierungskritische Netzwerke, Kampagnen und Bewegungen. In: dies. (Hrsg.): Die sozialen Bewegungen in Deutschland seit 1949. Ein Handbuch. Frankfurt/M., S. 493–512

# Globalisierung im Lichte der Weltwirtschaftskrise von 2009

*Das Ausmaß der Finanz- und Wirtschaftskrise von 2009 und die politischen Reaktionen darauf lassen manche BeobachterInnen bereits von einer Zäsur im Prozess der Globalisierung sprechen. Besonders die Rettungspakete und (Teil-)Verstaatlichungen von Banken erschienen auf den ersten Blick als eine Abkehr von der marktgläubigen Deregulierungspolitik besonders der westlichen Regierungen seit den Siebzigerjahren. Dabei wird jedoch übersehen, dass die enormen wirtschaftlichen Verluste mit öffentlichen Mitteln aufgefangen wurden, was eine sprunghafte Vergrößerung der Haushaltsdefizite und damit Einsparungen besonders im sozialen Bereich zur Folge hatte. Es handelt sich also eher um eine Verschärfung der aktuellen Form der Globalisierung denn um eine Trendwende – weshalb sich Widerstand gegen die staatlichen Krisenstrategien bildet.*

## Globalisierung in der Krise?

Zwei einschneidende Krisen begleiteten die Globalisierung seit den Siebzigerjahren. Diese betrafen allerdings vornehmlich Länder des Südens, und zwar in Lateinamerika und Afrika aufgrund der Schuldenkrise in den Achtzigerjahren und in Südostasien 1997/98 durch die Asienkrise. Ende 2008 erfasste die von den USA ausgehende Finanz- und Wirtschaftskrise dann fast alle Teile der Welt. Zu Beginn der Krise brachen die Weltindustrieproduktion und der Welthandel sogar stärker ein als in der Weltwirtschaftskrise von 1929. Im Unterschied zu damals reagierte die Staatengemeinschaft glücklicherweise rasch. Der äußerst umfangreiche Einsatz von Zentralbankgeld und Steuermitteln konnte das Vertrauen auf den Märkten wieder herstellen und damit eine Krisenverschärfung vermeiden. Die Krise hat allerdings das die Globalisierung prägende Vertrauen in das freie Spiel der Märkte, insbesondere der Finanzmärkte, erschüttert. Die Notwendigkeit staatlicher Beaufsichtigung und Flankierung der Märkte wurde plötzlich allgemein anerkannt. Zugleich haben sich die weltwirtschaftlichen und damit auch die weltpolitischen Gewichte verschoben. Insbesondere China hat spürbar an wirtschaftspolitischer Bedeutung gewonnen.

Einige Autoren sehen in diesen Entwicklungen einen entscheidenden Wendepunkt in der Globalisierung. Sie erwarten ein Ende der neoliberalen Marktfixiertheit und einen dauerhaften Bedeutungsverlust der USA und Westeuropas (Nuscheler/Messner 2010). Andere sind insbesondere hinsichtlich der Überwindung neoliberalen Gedankenguts skeptischer. Für sie sind solche Krisen für den Kapitalismus charakteristisch, sie sind eine Quelle seiner Dynamik (Heinrich 2010).

## Krisengetriebene Liberalisierung der Finanzmärkte in der Nachkriegszeit

Als erste große Liberalisierung der Finanzmärkte in der Nachkriegszeit dürfte die Öffnung der City of London für internationale Finanzgeschäfte 1952 im Gefolge der Dollarknappheit gelten. Die nächste Krise entstand aus der Verbindung von freiem Kapitalverkehr und der von dem US-Präsidenten Nixon nach 1970 betriebenen inflationären Vollbeschäftigungspolitik. Diese Maßnahmen vertrugen sich nicht mit dem System der festen Wechselkurse. Es kam zu riesigen transatlantischen Devisenspekulationen, in deren Folge Nixon das Bretton Woods-System aufkündigte und die Ära flexibler Wechselkurse einläutete (→ *Politische Stationen der Globalisierung* im Serviceteil). Viele sehen im Zusammenbruch von Bretton Woods den Beginn der zweiten Globalisierung und der Übermacht des Finanzkapitals. Die Währungsschwankungen machten Währungssicherungsgeschäfte erforderlich, die notgedrungen von spekulativem Charakter sind. War zu Zeiten von Bretton Woods das Bankensystem in den meisten reichen kapitalistischen Ländern stabil, so begannen sich mit seinem Ende die nationalen und internationalen Krisen zu häufen.

Diese Krisen haben das Finanzkapital allerdings eher gestärkt. Die lateinamerikanische Schuldenkrise ermöglichte die neoliberale Wende in den betroffenen Ländern. Zwar wurde 1988 mit „Basel I" des Baseler Komitees für Bankenaufsicht den international tätigen Banken eine höhere Eigenkapitalquote und eine stärkere Streuung ihrer Ausleihungen vorgeschrieben, doch in der mexikanischen Peso-Krise von 1994/95 wurde bereits deutlich, dass die Begrenzungen von Basel I durch die Begebung von Anleihen an Stelle von Bankenkrediten umgangen werden konnten („Verbriefung"). Dieses neue Finanzinstrument zeigte seine systemische Sprengkraft in der Asienkrise von 1997/98. Die regulative Antwort blieb innerhalb des neoliberalen Paradigmas.

Die staatliche Rettungsaktion für den *Long-Term Capital Management Hedgefond* im Jahr 1998 kann im Nachhinein eher als Startschuss für das explosive Wachstum der Hedgefonds angesehen werden. Im Jahr 2000 verzichtete der US-Kongress bewusst auf eine Regulierung von *Credit Default Swaps* (eine Art Kreditausfallversicherung), die 2008 eine bedeutende, Krisen verschärfende Rolle spielen sollten.

Das ganze Ausmaß an Deregulierung bzw. an Verzicht auf Regulierung kann hier nicht dargestellt werden. Im Resultat weitete sich der Handlungsspielraum des Finanzwesens trotz wiederholter Krisen enorm aus.

## Der Krisenauslöser: Die „subprime" Hypothek

Der Begriff „subprime" bezeichnet Kredite an Personen, die als nur beschränkt kreditwürdig gelten. Dieser Personenkreis erhielt bis vor wenigen Jahren keine Kredite. Wie kam es zum Sinneswandel der Banken? Zwei Stichworte genügen: Portfolio und Verbriefung. Clevere Finanzanalysten entdeckten, dass insgesamt das Ausfallrisiko von Hypotheken geringer Bonität nicht besonders hoch ist. Bündelt man entsprechend viele solcher Hypotheken, dann verteilt sich das Risiko, es wird zu einer statistischen Größe, die den Kreditnehmern als Risikoaufschlag zudem abverlangt werden kann. Werden in dieses Bündel noch Hypotheken mit guter Bonität gelegt, dann sinkt das Risiko für das gesamte Bündel noch weiter (Portfolio-Strategie). Für eine Bank mindert sich das Risiko zusätzlich, wenn sie dieses Bündel nicht im eigenen Tresor behält, sondern dieses einer eigens dafür gegründeten Zweckgesellschaft überträgt, die auf diese Bündel in gestückelter Form Anleihen begibt („verbrieft"). Für die Käufer der Anleihen ist dann das Risiko noch geringer, denn wenn sie nur einen Teil des ursprünglichen Bündels erwerben, können sie es mit anderen Finanzmarktprodukten in ihrem eigenen Portfolio vermischen. Mithin wird das Risiko gestreut und entsprechend können die Ausleihestandards gelockert, größere Risiken eingegangen werden.

Die Nachfrage für diese Finanzinnovation erhielt aus mehreren Richtungen einen gewaltigen Schub. Insbesondere hatte die US-Notenbank zur Abwendung einer Wirtschaftsflaute die Leitzinsen zwischenzeitlich sogar auf ein Prozent gesenkt. Dies entfachte einen regelrechten Hausbauboom. Die mit dem Boom einhergehenden steigenden Immobilienpreise minderten wiederum das Risiko des Kreditausfalls, denn sollte den Kreditnehmern plötzlich etwas passieren, so konnte das beliehene Haus verkauft werden – bei steigenden Preisen sogar mit Gewinn. Dies erlaubte die weitere Lockerung der Ausleihstandards, angetrieben von der Konkurrenz unter den Banken und Hypothekenvermittlern. Wie immer am Ende eines Booms kam noch kriminelle Energie hinzu, Subprime-Kreditnehmer wurden mit niedrigen Anfangszinsen gelockt und bewusst über die späteren Zinsaufschläge getäuscht. Begünstigt wurde das Geschäft durch eine laxe Aufsicht.

Der Kriseneinbruch kam, als die Verlangsamung der Immobilienpreiserhöhungen und steigende Zinsen dazu führten, dass die Zahl ernster Zahlungsversäumnisse kräftig anstieg. In der Folge geriet mancher Fonds selbst in Zahlungsschwierigkeiten.

## Risiko gestreut – weiter als gedacht

Die Risikostreuung funktionierte. Die Hypothekenausfälle trafen zunächst nicht die Banken, sondern die Käufer der Fondsanleihen. Allerdings waren manche Banken selbst als Käufer dieser Anleihen aufgetreten oder hatten gegenüber ihren Zweckgesellschaften Garantien ausgestellt. Entsprechend trafen Verluste dann auch Banken.

Das eigentliche Problem war allerdings nicht vorhergesehen worden. Mit der teilweisen Verlagerung von Risiken zu Nichtbanken ging Transparenz verloren. Die Banken konnten untereinander nicht einschätzen, welche tatsächlichen Risken eingegangen wurden und hielten sich entsprechend bei der Kreditvergabe untereinander zurück. Die Kreditvergabe kam ins Stocken und damit auch der Rest der Wirtschaft.

Die Krise zeigte sich auch an solch unwahrscheinlichen Orten wie Narvik in Norwegen und Düsseldorf, dem Sitz der staatseigenen IKB Deutsche Industriebank. Die guten Renditen der Subprime-Hypotheken lockten die Bürgermeisterin des hoch im Norden liegenden Städtchens genauso wie die Vorstände der IKB.

Über den Wirtschaftseinbruch in den USA wurden auch jene Staaten und Sektoren erfasst, die zwar nicht am Finanzkasino beteiligt waren, aber sich im letzten Jahrzehnt hochgradig von Exporten in die USA abhängig gemacht hatten: China und Japan. Da etliche europäische Staaten ähnlich wie die USA das Platzen einer Immobilienblase erlebten, verlor die deutsche Wirtschaft neben den USA und China ihren wichtigsten Exportmarkt. Die Folge war der massivste Rückgang an Wirtschaftstätigkeiten in der Nachkriegszeit.

## Krisenmanagement: Renaissance des Nationalstaats?

In bisher unvorstellbarer Höhe haben die betroffenen Nationalstaaten zur Beruhigung der Märkte Garantien für Einlagen bei Banken und für Banken selbst ausgesprochen. Sie haben auch Banken und Versicherungen (teil)verstaatlicht. Im Falle des am Finanzkasino beteiligten Versicherungskonzerns AIG in Höhe von etwa 150 Milliarden US-Dollar.

Dafür haben die Staaten sich enorm verschuldet, und zwar auf der Basis des Vertrauens der Kreditgeber, dass Staaten zur Rückzahlung dieser Kredite ihre Steuerzahler in Anspruch nehmen können.

Viele KommentatorInnen interpretierten diese massiven Staatseingriffe als Rückkehr des Staates und entsprechende Abkehr vom bedingungslosen Marktglauben (Nuscheler/Messner 2010). Naomi Klein, die mit einer Kritik an Lifestyle-Vermarktungsunternehmen Weltruhm erlangte („No Logo"), sah im 700 Mrd. Rettungspaket der US-Regierung die letzte Plünderungsaktion der Regierung Bush vor ihrem Abgang. Sie verglich das Verhalten von Schatzminister Paulson mit dem der europäischen Kolonialisten, die, kurz bevor sie ihre Kolonien aufgaben, alles Gold mitgehen ließen. Das Schatzamt sei für viele künftige Jahre zum „unbegrenzten Geldautomaten" der Banken umfunktioniert worden (Klein 2008).

## Krisenmanagement: Finanzakteure genießen Priorität

Von den ersten Krisenanzeichen im Mai 2006 bis zum Ende der Bush-Regierung definierte das Finanzkapital die Ursachen der Krise, gab die Krisenbewältigungsstrategien vor und wälzte die Masse der Lasten auf SteuerzahlerInnen und überschuldete HausbesitzerInnen ab.

Der erwähnte Einstieg des Staates bei AIG hatte zur Folge, dass die Banken ihre Wetten (die *Credit Default Swaps*) zu hundert Prozent bei AIG einlösen konnten. Auch nicht-amerikanische Banken wie die Deutsche Bank, profitierten in zweistelliger Milliardenhöhe von der Großzügigkeit des US-Steuerzahlers.

Im Übergang zu Obama änderte sich zunächst wenig, denn der neue Präsident verdankte seinem Wahlsieg auch den massiven Wahlkampfspenden der Wall Street. Bei der Besetzung seiner wirtschaftspolitischen Kabinetts- und Beraterposten griff er auf entsprechende Personen der Finanzwelt zurück.

Erst im Sommer 2010 verabschiedete der US-Kongress eine Reform des Finanzwesens, die dessen staatliche Aufsicht verbessert, aber zentralen Akteuren der Finanzwelt weiterhin viel Spielraum lässt. Die anderen reichen Länder sind noch zögerlicher. Der Anfang 2010 einsetzende Aufschwung lässt Reformen weniger dringlich erscheinen.

Karl Marx wäre über den bisherigen Krisenverlauf wenig überrascht. Für ihn galt, dass das durch die Krise vernichtete Kapital die Voraussetzung für neue Kapitalakkumulation schafft, da der Profit auf das übrig gebliebene Kapital steigt. Zudem forciert die Krise kapitalsparende Innovationen und trägt zur Zentralisation des Kapitals durch Übernahme oder Wegfall von Konkurrenten bei. Ein höherer Grad an Zentralisation verspricht höhere Profite durch Skalenerträge und vermehrte Marktmacht.

Die von Marx theoretisch begründete kapitalistische Krisenüberwindungsstrategie, die zu einer beschleunigten Tendenz zur Zentralisation des Kapitals führt, wird in der derzeitigen Krise augenscheinlich bestätigt. Hielten 2004 die fünf größten US-Banken einen Anteil an Einlagen von 29 Prozent, so stieg dieser auf 38,6 Prozent im Jahr 2009. In Deutschland sind 2009 von den fünf größten Privatbanken aus dem Jahr 2004 nur noch zwei selbstständig. Allerdings entstanden auf den globalen Finanzmärkten nicht zuletzt aufgrund der Krise neue Konkurrenten für die westlichen Banken, insbesondere in China. Die Konkurrenz findet somit auf erweiterter Stufenleiter statt.

## Alternativen zum Finanzkapitalismus?

Zugleich hat aber der Ruf der Finanzinstitute sehr gelitten. Doch mündet die spontane Empörung über die hohen Gehälter derjenigen, die die Krise mitverschuldet haben, in kollektives Handeln? Und zu welchen Aktionen führt sie? Aus der Geschichte wissen wir, dass Mittel- und Arbeiterschichten ihren Zorn über wirtschaftliche Verluste oder Notlagen nicht unbedingt an den Reichen ausleben, sondern ihn auch gleichgestellte oder ärmere Schichten spüren lassen können (z.B. Faschismus).

Die Krise schwächt die Marktmacht der Lohnabhängigen, indem sie die Nachfrage nach Arbeit schwinden lässt. Gerade die Exportwirtschaft, in vielen Ländern die Hochburg der organisierten Arbeiterschaft, leidet in der jetzigen Krise besonders stark. Der Kern der gut organisierten und verdienenden Belegschaften in der besonders stark betroffenen Automobilindustrie ist somit mit Abwehrkämpfen beschäftigt. Diese werden auch auf Kosten anderer Gruppen von Lohnabhängigen ausgetragen werden, insbesondere von bei Leiharbeitsfirmen beschäftigten Personen, die überproportional und ohne weitere Abfindungen vom Stellenabbau betroffen waren.

Nun verweisen einige gern auf die politischen Auswirkungen der Weltwirtschaftskrise 1929 als historisches Beispiel für die Chance des Kurswechsels in Richtung eines vernünftig eingehegten Kapitalismus. Dabei wird leicht übersehen, dass dieser Kurswechsel erstens historisch in Konkurrenz zu Alternativen (Faschismus, Kommunismus) stand und zweitens erst durch einen Weltkrieg entschieden wurde. Der Vergleich mit heute hinkt aber auch aus anderen Gründen. Zum einen hat im letzten Jahr die Politik vor dem Erfahrungshorizont der Weltwirtschaftskrise entschieden gegen eine Verschärfung der Krise gehandelt, so dass die jetzige Krise bisher in ihren Ausmaßen und insbesondere hinsichtlich der sozialen Verelendung in den Metropolen nicht mit der Weltwirtschaftskrise von 1929 vergleichbar ist. Zum anderen trug die Existenz von gesellschaftlichen Alternativprojekten zum liberalen Kapitalismus zu dessen Veränderung bei, insbesondere zu einer sozialen Einhegung der liberalen Marktordnung. Fundamentale Alternativen zum Liberalismus sind auf breiterer Ebene derzeit aber nicht sichtbar.

Die Stimme der globalisierungskritischen Bewegung in Reaktion auf die Finanzkrise wird jedoch zunehmend lauter. So wurden in vielen Städten Deutschlands in einem breiten Zusammenschluss gesellschaftlicher Kräfte lokale Krisenbündnisse gegründet. Ebenso gibt es eine bundesweite Zusammenarbeit der Akteure, die mit Großdemonstrationen unter dem Motto „Wir zahlen nicht für eure Krise" ihrer Unzufriedenheit mit dem Krisenmanagement und den der Krise zugrunde liegenden Strukturen und Dynamiken Ausdruck verleihen. Der Protest richtet sich gegen die Umwälzung der Kosten der Krise auf die sozial Schwachen und gegen die Entlastung der Verursacher der Krise. Er weist auf die Bedrohung der Arbeitsplätze, den Rückgang von Ausbildungsstellen, den Zuwachs des Niedriglohnsektors und prekärer Beschäftigungsverhältnisse hin. In diesem Zusammenhang thematisiert das Bündnis auch die Gesundheitsreform, die ebenfalls zu Lasten der Beschäftigten und Versicherten gehe, während die Kapitalseite verschont bleibe (www.kapitalismuskrise.org).

## G 20 – veränderte Kräfteverhältnisse

Die schon bestehenden Alternativen existieren in Form der aufstrebenden Ökonomien des Südens. Brasilien, Russland, Indien und VR China, die als BRIC-Gruppe bezeichnet werden, tragen mittlerweile mehr als ein Viertel zur Weltwirtschaftsleistung bei. Insbesondere China konnte dank eines immensen staatlichen Infrastrukturprogramms recht rasch der Krise entkommen. Brasilien, Indien und China zeichnet aus, dass sie eher den Rezepten von Friedrich List (→ Kapitel 6) folgten und die Liberalisierung ihrer Volkswirtschaften wohl dosierten. Im Unterschied zu China sind Brasilien und Indien gefestigte Demokratien, doch alle drei haben gemeinsam, dass sie von einer äußerst hohen sozialen Ungleichheit geprägt sind.

Das wachsende weltwirtschaftliche Gewicht dieser Länder machte sich im Verlauf der Krise endlich auch politisch bemerkbar. Seit 1976 haben die höchsten Regierungsvertreter von sieben Ländern, USA, Kanada, Großbritannien, Frankreich, Deutschland, Italien und Japan durch ihre regelmäßigen Gipfeltreffen informell als sog. G 7 die Weltwirtschaft gesteuert. Seit der Aufnahme von Russland 1997 wird dieses Forum als G 8 bezeichnet. Aufgrund der Finanzkrise wurde es 2008 durch die G 20 ersetzt, der auch wirtschaftlich starke Länder des Südens angehören (u.a. Brasilien, VR China, Indien, Indonesien, Südafrika, Türkei). Das Themenspektrum erweiterte sich von Treffen zu Treffen, so dass zukünftig wohl die Geschicke der Welt in diesem Forum ausgehandelt werden.

## Bilanz der Globalisierung

Wie wir im Verlauf des Buches gesehen haben, steigern die Vertiefung der internationalen Arbeitsteilung und damit der jeweiligen Spezialisierung sowie der sich daraus ergebende Wettbewerbsdruck die Arbeitsproduktivität. Steigende Arbeitsproduktivität wiederum ist die Quelle materiellen Reichtums, sie erhöht Verteilungsspielräume. Wem diese Spielräume jedoch zugute kommen, hängt in komplexer Weise von Macht und Knappheitsgraden ab. Trotz rasanter Industrialisierung hat die Masse des globalen Südens bzgl. des Einkommens und damit der Lebensqualität noch lange keinen Anschluss an den Norden gefunden.

Wie ferner gezeigt wurde, ist die globale Spreizung zwischen Arm und Reich eine Folge des Angebotsschocks an Arbeitskräften auf dem Weltmarkt durch die bereits erwähnte Öffnung zuerst von China, dann aller Gebiete unter ehemals sowjetischem Einfluss und schließlich Indiens gegenüber dem Weltmarkt. Der weltweite Pool an Arbeitskräften wuchs somit nicht nur durch die klassische Freisetzung der in der traditionellen Landwirtschaft gebundenen Arbeitskräfte, sondern durch die Einbringung bisher abgeschotteter industrieller Belegschaften in den Weltmarkt. Im Zuge dieser Prozesse nutzten die alten kapitalistischen Industrieländer ihre Finanzmacht, ihr in Markenartikel eingebrachtes kulturelles Kapital (*branding*), ihren Technologie- und Wissensvorsprung und ihre

Regelsetzungsmacht in den weltwirtschaftlichen Foren zur Sicherung des weltweiten Wohlstandsgefälles (Arrighi et al.: 2003). Einigen Regionen des Südens ist es zwar gelungen, zumindest in den unteren und mittleren Wertschöpfungssegmenten aufzuholen, doch ist damit noch sehr wenig über die konkrete Arbeits- und Lebensrealität der Menschen gesagt.

Zugleich wird die Bevölkerung des Nordens zunehmend weniger an dem aus dem Vorsprung gewonnenen Reichtum beteiligt. Dies drückt sich u.a. durch eine zunehmende Deregulierung der Arbeitsmärkte in den westeuropäischen Staaten und die damit einhergehende Prekarisierung der Lebensverhältnisse aus, die durch die konstant hohe Arbeitslosigkeit zusätzlich befeuert wird. Zeitgleich werden die sozialen Sicherungssysteme zunehmend löchriger. Im Zuge dessen nimmt die soziale Ungleichheit auch in den Staaten des Nordens zu.

In den Bereichen Klima, Ernährung und Finanzen kam es in den letzten Jahren immer häufiger zu Krisen von zum Teil katastrophalen Ausmaßen. Spätestens seit Verwüstungen – z.B. durch Stürme oder Flutkatastrophen – in immer kürzer werdenden Abständen immer größere Schäden verursachen, wird verstärkt über den Zusammenhang von Naturkatastrophen, Klimaerwärmung und Globalisierung diskutiert. Inzwischen hat sich die Erkenntnis durchgesetzt, dass die Klimaerwärmung vorwiegend Folge von Industrialisierung, steigendem Energieverbrauch und der Zunahme globaler Mobilität ist – womit die Globalisierungsdiskussion auch zur Klimadebatte geworden ist. Diese Verschiebung in der Debatte wird zusätzlich angetrieben durch periodisch auftretende Hungerkrisen. In dem Maße nämlich, wie durch Versteppung und Brände auf der einen und Überflutung auf der anderen Seite ganze Regionen durch den Klimawandel in Mitleidenschaft gezogen werden, nehmen Ernteausfälle in teils dramatischem Umfang zu. Dies kann z.B. zu einem Anstieg der Reis- und Getreidepreise führen, was für die Bevölkerungen des globalen Südens Hungersnöte zur Folge haben kann. Diese sich gegenseitig verstärkenden Krisenlagen werden durch die ebenfalls häufiger auftretenden Finanzmarktkrisen (Schulden-, Asien- und Weltwirtschaftskrise) verschärft – die in ihrer aktuellen Form auch ein Produkt der Globalisierung sind. Die gegenseitige Verschränkung dieser durch die Globalisierung begünstigten Krisenlagen – in Verbindung mit einer Verschärfung bestehender oder zunehmender gesellschaftlicher Ungleichheiten – lässt ein deutliches Umlenken in der Gestaltung der Globalisierung nicht nur wünschenswert, sondern notwendig erscheinen.

Entsprechend wächst die globalisierungskritische Bewegung mit ihren Forderungen für eine Neugestaltung, für mehr soziale Gerechtigkeit, einen nachhaltigen Umgang mit den endlichen Ressourcen und für eine Produktionsweise, die sich an den Bedürfnissen der Menschen und nicht am Markt orientiert. Ohne Globalisierung wäre die Bewegung allerdings kaum handlungsfähig, beruht ihr hoher Grad an Vernetztheit doch maßgeblich auf den globalisierten Kommunikationsnetzen.

Zugleich beteiligen sich immer mehr Menschen auch jenseits organisierter politischer Strukturen – z.B. als bewusste KonsumentInnen – an der Gestaltung einer nachhaltigeren und menschenwürdigeren Globalisierung. Obschon ein kritisches Konsumverhalten innerhalb marktförmiger Strukturen verbleibt, lassen sich heute stärker denn je ökonomische und politische Entscheidungen beeinflussen. So kann z.B. die Nahrungsmittelindustrie durch den Kauf von Bio-Produkten dazu gebracht werden, Investitionen in ökologische Landwirtschaft zu steigern, lassen sich Stromkonzerne durch den verstärkten Wechsel zu Ökostromanbietern möglicherweise zu einem Ausbau von regenerativen Energien bewegen und die großen Textilhersteller durch den Boykott von unter menschenunwürdigen Bedingungen hergestellten Produkten in der Auswahl ihrer Zulieferer beeinflussen.

Zur sozial und ökologisch nachhaltigen Gestaltung der Globalisierung bedarf es einer Vielfalt von Formen des grenzüberschreitenden Handelns. Glücklicherweise bietet die Globalisierung die Möglichkeiten für gemeinsame Aktionen.

## Weiterführende Litcratur

**Dullien, Sebastian / Herr, Hansjörg / Kellerman, Christian (2009):** Der gute Kapitalismus ... und was sich dafür nach der Krise ändern müsste, Bielefeld

**Kindleberger, Charles (2001):** Manien – Paniken – Crashs. Die Geschichte der Finanzkrisen der Welt. Kulmbach

**Scherrer, Christoph / Dürmeier, Thomas / Overwien, Bernd (2010):** Perspektiven auf die Finanzkrise. Leverkusen

# Serviceteil

## Politische Stationen der Globalisierung nach dem Zweiten Weltkrieg

*Gründung der Bretton-Woods-Institutionen: Internationaler Währungsfonds und Weltbank (1944)*: Noch während des Zweiten Weltkrieges einigten sich die Vertreter von 45 Nationen am 1. Juli 1944 in Bretton Woods (USA) auf die Gründung der internationalen Organisationen, die eine geordnete Wiedereinführung des Weltmarktes ermöglichen sollten. Aus dem Chaos der Zwischenkriegszeit lernend, wollten sie Organisationen schaffen, die isoliertes, rücksichtsloses nationales Handeln vermeiden helfen. Dieses Ziel sollte vor allem durch Anpassungshilfen für Länder mit kurzzeitigen Zahlungsbilanzschwierigkeiten erreicht werden.

*Beschränkung auf das westliche Lager (1947)*: Mit Beginn des Kalten Krieges wurde das Projekt der Wiederbelebung des Weltmarktes auf die Länder außerhalb des sowjetischen Einflusses beschränkt. Das Allgemeine Zoll- und Handelsabkommen (GATT) wurde zunächst nur von 23 zumeist fortgeschrittenen, kapitalistischen Staaten 1947 unterzeichnet. Im Rahmen dieses Abkommens haben allerdings die USA drastische Zollsenkungen vorgenommen und damit die Abkehr von ihrer traditionellen Schutzzollpolitik besiegelt. Zudem wirkten sich die im Rahmen des IWF vereinbarten Wechselkurse für Westeuropa und insbesondere später für Japan und Deutschland sehr positiv aus, denn sie erleichterten die Exporte in die USA.

*Gründung der Europäischen Wirtschaftsgemeinschaft (EWG, 1958)*: Zunächst auf sechs Länder Kontinentaleuropas beschränkt, erwies sich die Gründung der EWG als der entscheidende Schritt zur Globalisierung Westeuropas. Über die Jahre, mit wechselndem Tempo, entstand ein immer größerer, mit immer geringeren Handelshürden versehener Wirtschaftsraum. Bis 1969 beseitigten die Mitgliedsländer alle unmittelbaren Hemmnisse im gegenseitigen Warenhandel (insbesondere Zölle und Einfuhrbeschränkungen). Diese innereuropäische Liberalisierung ging nicht mit einer Entkopplung vom Weltmarkt einher (Ausnahme: Landwirtschaft), sondern erwies sich als ein Motor für weitere weltwirtschaftliche Liberalisierungen. Mit Abschluss der GATT-Kennedy-Runde im Jahr 1968 wurden die Zölle auf die meisten Industrieprodukte auf ein zu vernachlässigendes Niveau gesenkt.

*Entkolonialisierung (1947–1962)*: Geschwächt vom Zweiten Weltkrieg und mit einer großen Unabhängigkeitsbewegung konfrontiert, entließ 1947 Großbritannien das Kernstück seines Kolonialreiches, den indischen Subkontinent, in die politische Unabhängigkeit. Durch diesen Schritt wurden insgesamt die Unabhängigkeitsbewegungen beflügelt, aber es bedurfte noch verlustreicher Kriege, bis 1962 auch das Kernstück des französischen Kolonialismus, Algerien, befreit war (→ Kapitel 2). In der westlichen Welt verschwanden somit langsam die kolonialen

Einflusszonen und es entstand ein Wirtschaftsraum, zu dem die führenden Industrieländer weitgehend gleichberechtigten Zugang hatten.

*Die Konferenz der Vereinten Nationen für Handel und Entwicklung (UNCTAD, 30. Dezember 1964)*: Die neuen Nationen erkannten bald, dass die Erringung der politischen Freiheit nicht automatisch zur Überwindung wirtschaftlicher Abhängigkeiten führte. Die unzureichende Berücksichtigung ihrer wirtschaftlichen Belange in den bestehenden internationalen Wirtschaftsorganisationen (IWF, Weltbank, GATT) wollten die Entwicklungsländer, von denen sich 77 zur „Gruppe der 77" zusammengeschlossen hatten, mittels einer zusätzlichen internationalen Organisation für Weltwirtschaftsfragen beheben. Diese sollte nicht auf einen kleinen Kreis von Ländern – hauptsächlich Industrieländern – wie das GATT beschränkt bleiben und sollte gleichfalls im Unterschied zu IWF und Weltbank den Industrieländern keine größeren Stimmrechte einräumen. Daher lag es nahe, deren Einrichtung im Rahmen der Vereinten Nationen zu fordern. Ende 1964 wurde die so genannte Welthandelskonferenz (UNCTAD) als ein ständiges Organ der UN-Vollversammlung eingerichtet. Zu den Forderungen der Entwicklungsländer gehörten u.a. die Senkung der Zollsätze auf ihre Waren in den Industrieländern, ohne selbst Zölle senken zu müssen (Zollpräferenzen), günstigere Zugänge zu Kapital und Technologie und die Schaffung weltweiter Rohstoffabkommen.

*Zusammenbruch des Bretton-Woods-Regimes (1971–1973)*: In Bretton Woods war vereinbart worden, die Währungskurse nicht dem Markt zu überlassen, sondern politisch zu fixieren. Dadurch sollten die fatalen Abwertungswettläufe der Zwischenkriegszeit vermieden werden. Nach dramatischen Spekulationswellen gegen den US-amerikanischen Dollar wurde das System der festen Wechselkurse in den Jahren 1971 bis 1973 aufgegeben. Dieser Entscheidung lag vor allem der politische Konsens in den wichtigsten westlichen Industrieländern zugrunde, der darin bestand, weder das erreichte Maß an Handelsliberalisierung zurückzunehmen noch auf dem Weg der Liberalisierung des Kapitalverkehrs umzukehren. In der Folge kam es zu erheblichen Wechselkursschwankungen, gegen die sich die Ex- und Importeure mittels so genannter Devisentermingeschäfte (Vereinbarungen über den Kauf einer bestimmten Menge an fremder Währung zu einem bestimmten Termin und Preis) absichern mussten. Mit diesen Absicherungsgeschäften öffneten sich zugleich aber auch Chancen für Spekulationen und gewagte Finanzmarkt- und Devisenoperationen.

*OPEC und die Neue Weltwirtschaftsordnung (1973–1981)*: Die gute Weltkonjunktur bis Anfang der Siebzigerjahre ließ die Nachfrage nach Rohstoffen stark steigen und ermutigte zahlreiche Initiativen der Entwicklungsländer, durch Nationalisierung ihrer Rohstoffgewinnung und mittels Preisabsprachen ihre Verhandlungsposition gegenüber den Industrieländern zu stärken. Durchschlagenden Erfolg hatte allerdings nur das Kartell der Erdöl fördernden Länder (OPEC), deren Macht 1973 in der ersten Ölpreiskrise deutlich wurde.

Ebenfalls 1973 putschte der General Pinochet mit tatkräftiger US-amerikanischer Unterstützung gegen den demokratisch legitimierten, rechtmäßigen Präsidenten Salvador Allende in Chile. Damit wurde in Lateinamerika dem Trend der Nationalisierung ausländischer Unternehmungen, die mit der Ausbeutung wichtiger natürlicher Ressourcen befasst waren, gewaltsam ein Ende bereitet. Die im Rahmen von UNCTAD erhobene Forderung nach einer „Neuen Weltwirtschaftsordnung" konnte sich im Verlauf der Siebzigerjahre angesichts des Widerstandes gegenüber OPEC und der Niederlage Allendes in Lateinamerika nicht durchsetzen.

*1. Weltwirtschaftsgipfel (1975) und das Scheitern des globalen Keynesianismus:* Als Antwort auf die erheblichen Spannungen im westlichen Lager im Gefolge der Währungsturbulenzen und des ersten Ölpreisschocks wurden regelmäßige Treffen der Regierungschefs der wichtigsten Industrieländer zu Wirtschaftsfragen vorgeschlagen und 1975 zum ersten Mal verwirklicht. Doch trotz Abstimmungsbemühungen gelang es den beteiligten Staaten nicht, die zunehmende Inflation zu bremsen. Mit Unterstützung der Deutschen Bundesbank entschlossen sich die USA deshalb 1979 zu einer Hochzinspolitik. Für die Weltwirtschaft hatte diese Entscheidung gravierende Folgen. Erstens wurde damit ein Wechsel der Prioritäten vollzogen, und zwar von einer Politik des Wirtschaftswachstums (Keynesianismus) zu einer der Preisstabilität (Monetarismus). Zweitens führte sie zu einer raschen Internationalisierung der US-Wirtschaft, da die mit der Hochzinspolitik einhergehende Aufwertung des US-Dollar die ausländische Konkurrenz sehr begünstigte und diese somit in vielen Industriezweigen bedeutende Marktanteile in den USA erobern konnte.

*Lateinamerikanische Schuldenkrise (1982):* In den Siebzigerjahren hatten die lateinamerikanischen Länder in der Hoffnung auf steigende Rohstoffpreise und im Vertrauen auf eine gute Weltkonjunktur internationale Kredite aufgenommen. Ein Großteil dieses Geldes (so genannte Petro-Dollars) kam von den plötzlich reich gewordenen Ölförderländern (Saudi-Arabien, Kuwait und andere) und wurde zu sehr niedrigen Zinsen angeboten. Die US-amerikanische Zinswende (s.o.) verteuerte drastisch die Kosten für diese Kredite und ließ zum anderen die Weltkonjunktur abkühlen und minderte damit auch die Absatzchancen für lateinamerikanische Produkte auf dem Weltmarkt. Als erstes Land konnte Mexiko (1982) diesem doppelten Druck nicht standhalten und erklärte seine Zahlungsunfähigkeit. Andere Länder folgten und mussten ebenso den IWF und die Gläubiger bitten, einen Aufschub der Kreditrückzahlungen hinzunehmen. Diese Schwäche nutzte der IWF gemeinsam mit den wichtigsten Industrieländern, um die lateinamerikanische Staaten dazu zu bewegen, ihre Wirtschaft auf den Export auszurichten. So öffneten sich diese Länder vermehrt gegenüber dem Weltmarkt und trugen damit zur weiteren wirtschaftlichen Globalisierung bei.

*Der Weltmarkt erfasst die Welt (1991):* Zu Beginn der Achtzigerjahre öffnete sich die Volksrepublik China schrittweise gegenüber dem Weltmarkt. Mit dem

Fall der Mauer 1989 in Berlin wurde der Zusammenbruch des sowjetischen Reiches und seiner Satellitenstaaten ausgelöst, der bereits 1991 bis auf ganz wenige Ausnahmen (Nordkorea und Kuba) den gesamten ehemaligen sowjetischen Einflussbereich in den Weltmarkt integrierte. Ab Mitte der Neunzigerjahre öffnet sich zudem Indien vorsichtig gegenüber dem Weltmarkt. Innerhalb eines Jahrzehnts wurde somit fast die Hälfte der Weltbevölkerung in den Weltmarkt eingebunden, wenngleich in höchst unterschiedlichem Maße.

*Vertiefung der westeuropäischen Zusammenarbeit (1992)*: Ein wichtiger Meilenstein der regionalen Erleichterung grenzüberschreitender Wirtschaftsaktivitäten war das Projekt der Vollendung des europäischen Binnenmarktes: Europäische Union. Anfang der Achtzigerjahre geriet der Integrationsprozess ins Stocken. Das strategische Ziel war die Beseitigung der materiellen, technischen und steuerlichen Hemmnisse, die der Freizügigkeit entgegenstanden. 1999 wurde durch die Währungsunion unter der Mehrzahl der EU-Mitglieder die Schaffung eines Binnenmarktes auch währungspolitisch abgesichert.

*Neue Themen der Welthandelsordnung (1994)*: Durch den erfolgreichen Abbau der Zollschranken für die meisten Industrieprodukte gerieten andere Handelshemmnisse in den Blick der multilateralen Handelsrunden: technische Standards, Subventionen, Patentrechte, Wettbewerbsregeln, Investitionsauflagen etc. Vor allem aber wurde deutlich, dass der am stärksten wachsende Bereich der Wirtschaft, die Dienstleistungen, nicht zuletzt aufgrund technischer Möglichkeiten vermehrt grenzüberschreitend erbracht werden kann. Insbesondere große Kreditkartenunternehmen und Versicherungen drängten auf die Aufnahme der Dienstleistungen in das multilaterale Handelssystem, was mit Abschluss der letzten Welthandelsrunde (der sogenannten Uruguayrunde) 1994 auch gelang: das *General Agreement on Trade in Services* (GATS).

*Die Asienkrise bringt das Weltfinanzsystem ins Gerede (1997)*: Die Musterschüler der Globalisierung, die exportorientierten Länder Südostasiens, gerieten 1997 in eine schwere Währungskrise, die für einige Jahre ihr stürmisches Wachstum empfindlich einbrechen ließ. Da diese Krise durch kurzfristige Kapitalbewegungen ausgelöst wurde und diese Länder im Gegensatz zu den lateinamerikanischen Ländern in den Achtzigerjahren weder eine besorgniserregende Staatsverschuldung noch eine übermäßige Auslandsverschuldung vorwiesen, löste sie unter führenden ÖkonomInnen eine Diskussion über das internationale Finanzsystem und die Rolle des IWF aus. Es kam aber nicht zu einschneidenden Reformen.

*Die GlobalisierungskritikerInnen werden sichtbar (1999)*: Im wichtigsten Land der Globalisierung, den USA, wurden die Konturen einer globalisierungskritischen Bewegung in den Auseinandersetzung um das Nordamerikanische Freihandelsabkommen zwischen Kanada, den USA und Mexiko (NAFTA, 1994) deutlich. Ein erster Erfolg für die sich immer mehr international vernetzende Bewegung war das Scheitern des Multilateralen Investitionsschutzabkommen (MAI) im Jahr

1998. Dieses Abkommen hätte die Gestaltungsspielräume der Nationalstaaten gegenüber ausländischen Investoren drastisch eingeschränkt. Richtig sichtbar wurde diese Bewegung allerdings erst durch die Demonstrationen zur Ministerkonferenz der WTO im Dezember 1999 in Seattle (→ Kapitel 7).

*China tritt der WTO bei, eine neue Welthandelsrunde beginnt und Al-Quaida-Terroranschläge (2001):* Während 1999 in Seattle der Versuch, eine neue Welthandelsrunde einzuläuten, misslang und die WTO stark in die öffentliche Kritik geriet, konnte die WTO im Jahr 2001 zwei Erfolge verbuchen: die Aufnahme der großen Handelsnation China und die Vereinbarung einer neuen Handelsrunde, die Doha-Entwicklungs-Runde.

Die Anschläge der islamistischen Organisation al-Qaida auf das World Trade Center und Pentagon in den USA führen zu einem stärker sicherheitsorientierten Denken und zu massiven militärischen Interventionen der USA in Afghanistan (2001) und dem Irak (2003). Der Vorrang für die Sicherheit bremst die wirtschaftliche Globalisierung etwas ab. Grenzübertritte von Personen und internationale Finanztransaktionen (wegen Finanzierungsquellen für Terrororganisationen) werden stärker überwacht. Die Kriege werden von sehr vielen Ländern unter der Führung der USA geführt, die somit die Globalisierung des Militärs vorantreiben. Die Schwierigkeiten bei der Besetzung der angegriffenen Länder lässt jedoch einige dieser Länder später aus der Koalition ausscheren.

*Das Auftreten der G20 in der Welthandelsrunde (2003):* Eine Gruppe von Entwicklungs- und Schwellenländern unter der Führung von Brasilien, Indien, der Volksrepublik China und der Türkei schloss sich im Vorfeld der fünften ministeriellen Konferenz der Welthandelsorganisation (WTO) in Cancún (Mexiko) zusammen und forderte den Abbau von Agrarsubventionen und die Aufhebung von Importbeschränkungen für Agrarprodukte in Ländern wie den USA und in der Europäischen Union. Diese geschlossene Front war ein Novum. Da die reichen Industrieländer nicht auf diese Forderungen eingingen, scheiterten die Verhandlungen. Auch beim Verfassen dieses Textes im Jahr 2010 ist die Doha-Entwicklungsrunde nicht abgeschlossen worden. Die Verlagerung auf bilaterale Verhandlungen führt hingegen zu vielen einzelnen Freihandelsabkommen.

*Finanzkrise (2008):* Der mehrjährige Immobilienboom vor allem in den USA und Großbritannien bricht Ende 2006 ein und in dessen Folge kollabieren im September 2008 die größten Hypothekenfinanzierer, eine der größten Investmentbanken und der größte Versicherungskonzern in den USA (→ Kapitel 10). Der darauf folgende Vertrauensverlust auf den globalen Finanzmärkten führt zum schärfsten Kriseneinbruch seit der Weltwirtschaftskrise von 1929. Die Staaten stabilisieren die Lage mit umfangreichen Rettungspaketen für Banken und Anleger. Die Krise führt einerseits zu nationalistischen Abschottungen, andererseits aber auch zur vermehrten internationalen Kooperation.

# Globalisierung im historischen Vergleich

## 1. Handel

|  | Vor dem Ersten Weltkrieg | Fordistische Pause 1945–1973 | Heutige Globalisierung |
|---|---|---|---|
| Umfang | Fast alle Gebiete beteiligen sich am internationalen Handel | Die kommunistischen Länder sind weitgehend ausgeschlossen, viele Entwicklungsländer setzen auf Importsubstitution | Fast alle Länder beteiligen sich intensiv am internationalen Handel |
| Intensität | Für einige Länder sehr hoch, für viele aber gering | Zunächst gering, zunehmend aber das Vorkriegsniveau erreichend | Für die meisten Länder im Verhältnis zum gesamten Ausstoß sehr hoch |
| Auswirkung | Bedeutsam für die Entwicklung von Agrar- und Rohstoffexporteuren, zunehmend bedeutend für die Einkommen in Industriestaaten | Zunächst gering, dann zunehmend bedeutsam, insbesondere für das Industriewachstum | Wesentlicher Bestandteil der Volkswirtschaften und zunehmend bedeutend für Einkommen und Industriestruktur |
| Regelwerk | Zunehmend bilaterale Abkommen über internationale Marktstandards, unterschiedliches Ausmaß an Protektionismus | Zunehmende Zuständigkeit des multilateralen GATT, Beginn der Liberalisierung | Die Welthandelsorganisation regelt zunehmend umfassend den internationalen Handel mit dem Ziel der Liberalisierung |
| Internationale Arbeitsteilung | Industriestaaten vs. Rohstoffe liefernde Kolonien | Zunehmender Handel zwischen Industriestaaten, Rohstoffexporteure verlieren an Gewicht | Hoher Industriegüteranteil bei den Exporten einiger Schwellenländer |

## 2. Kapitalverkehr

| | | | |
|---|---|---|---|
| Umfang | Fast alle Gebiete, Goldstandard nur für die führenden Volkswirtschaften | Kommunistische Länder ausgeschlossen | Umfassend |
| Intensität | Sehr große Kapitalströme im Verhältnis zum Einkommen zwischen den bedeutendsten Gläubiger- und Schuldnernationen | Durch begrenzte Konvertibilität der Währungen und aufgrund von Kapitalverkehrskontrollen zunächst gering | Einmalig hohe und diversifizierte Kapitalflüsse |

| Aus-wirkung | Kapitalzuflüsse wichtig für die Entwicklung der Schuldnernationen | Absichtlich gering für Industrieländer, größere Auswirkungen für kapitalknappe Entwicklungsländer | Zinsniveau und nationale Geldpolitik durch die globalen Finanzmärkte beeinflusst |
|---|---|---|---|
| Regel-werk | Netzwerk internationaler Banken, Regierungsabkommen zum Goldstandard | Regulierung durch den Internationalen Währungsfonds, erneutes Aufkommen multinationaler Banken | IWF zentral für arme Volkswirtschaften, dichtes zwischenstaatliches Regulierungsnetz |
| Hier-archie | Wenige Finanzplätze, Dominanz des britischen Pfund Sterling, eurozentrisch | Wenige Finanzplätze, Dominanz des US-Dollar, transatlantisch, staatliche Gläubiger der Entwicklungsländer | Einige Finanzplätze, US-Dollar erhält Konkurrenz, private Gläubiger der Entwicklungsländer |

# 3. Produktion

| Umfang | Aufkommen transnationaler Konzerne (TNK) in Europa und Nordamerika, Rohstoffverarbeitung im Norden | TNK aktiv in den Industrienationen, zunehmend auch in den Entwicklungsländern, ausgeschlossen von den kommunistischen Ländern | TNK aktiv in fast allen Ländern, Wachstum regionaler und globaler Produktions- und Distributionsnetzwerke |
|---|---|---|---|
| Intensität | TNK begrenzt auf einige Rohstoffländer und einige Industriebranchen | TNK breiten sich in der Industrie aus und dominieren einzelne Branchen | TNK herrschen im Welthandel vor und organisieren ein Viertel der Weltproduktion |
| Infra-struktur | Telegraf, nicht vernetzte Produktionsstätten | Telefon und Flugzeug erlauben stärkere zentrale Kontrolle | Internet erlaubt enge Verzahnung der einzelnen, räumlich getrennten Produktionsschritte |
| Aus-wirkung | Wichtig für einige Rohstoffe, TNK führen in einigen Branchen neue Produkte und Produktionstechniken ein | Schafft globale Konkurrenz für viele Waren und verbreitet weltweit neue Technologien | Zunehmende Fähigkeit, weltweit Produktionsstandorte zu verlagern |
| Regel-werk | Weitgehende Freiheiten für TNK | Unter den Industrieländern weitgehend frei, in Entwicklungsländern Auflagen für Direktinvestitionen, in einigen auch Nationalisierung ausländischer Investitionen | Liberalisierung der Direktinvestitionen, internationale Harmonisierung nationaler Regulierung der Wirtschaft |

| Inter-nationale Arbeits-teilung | Dominanz bri-tischer und US-amerikanischer TNK, im Süden vornehmlich Investitionen in die Rohstoffgewinnung | Dominanz US-amerikanischer TNK, Aufkommen europä-ischer und japanischer TNK, Konzentration auf Industrieländer | Dominanz der OECD-TNK, Verlagerung der Produktion in einige wenige Schwellenländer |
|---|---|---|---|

## 4. Migration

| Umfang | Starke Migration in Richtung Amerika und Australien | Begrenzung der Migration nach Amerika, starke Migration innerhalb Europas | Begrenzte Öffnung US-amerikanischer Grenzen, Schließung der Außengrenzen der Europäischen Union, Zunahme von Flüchtlingen, hohe Mobilität von Fachkräften |
|---|---|---|---|
| Aus-wirkung | Bevölkerungsventil für Europa, Basis für das Wirtschaftswachstum der USA | „Verschmelzung" der US-amerikanischen Bevölkerung, Überwindung von Produktions-engpässen in Europa | Multikulturalisierung der USA und Westeuropas, *brain-drain* (Abwanderung hochqualifizierter Personen) im Süden, billige Arbeitskräfte im Norden |
| Regel-werk | Entwicklung von Einwanderungs-politiken | Ausgeprägte natio-nale Einwanderungs-kontrollen | Zunahme illegaler Migration, internatio-nale Abkommen für Flüchtlinge, Zunahme an Überwachung der Migrationsströme |
| Hier-archie | Unterscheidung zwi-schen nord-, süd- und ost- sowie außereuropä-ischen Einwanderern | Unterschiedliche Behandlung von Führungskräften und „Gastarbeitern" | Unterscheidung von legalen und illegalen Einwanderern, Zunahme von Menschenhandel |

Quelle: adaptiert von Held et al. 1999, S. 178ff., Polity Press

# Literatur

Aglietta, Michel (1979): A Theory of Capitalist Regulation. The US Experience. New York

Amman, Marc (2004): Go. Stop. Act! Die Kunst des kreativen Straßentheaters. Geschichten, Aktionen, Ideen. Grafenau

Arrighi, Giovanni / Silver, Beverly J. / Brewer, Benjamin D. (2003): Industrial Convergence, Globalization, and the Persistence of the North-South Divide. In: Studies in Comparative International Development 38(1), S. 3–31

Attac Deutschland (2004; Hrsg.): Alles über Attac. Frankfurt/M.

Barrow, Clyde W. (2005): The Return of the State: Globalization, State Theory, and the New Imperialism. In: New Political Science 27(2), S. 123–45

Beck, Ulrich (1998, Hrsg.): Politik der Globalisierung. Frankfurt/M.

Behrens, Maria (2005, Hrsg.): Globalisierung als politische Herausforderung. Global Governance zwischen Utopie und Realität. Wiesbaden

Bello, Walden (2007): De-Globalisierung. Widerstand gegen die neue Weltordnung. Hamburg

Bemerburg, Ivonne / Niederbacher, Arne (2007): Globalisierungskritiker in Deutschland: Zwischen moralisch ambitionierter Kritik und professionalisierter politischer Arbeit. In: dies. (Hrsg.): Die Globalisierung und ihre Kritik(er). Zum Stand der aktuellen Globalisierungsdebatte. Wiesbaden, S. 233–246

Benz, Arthur (2004, Hrsg.): Governance – Regieren in komplexen Regelsystemen. Eine Einführung. Wiesbaden 2004

Bhagwati, Jagdish N. (1993): Fair trade, reciprocity, and harmonization: the novel challenge to the theory and policy of free trade. In: Salvatore, Dominick (Hrsg.): Protectionism and world welfare. Cambridge, S. 17–53

Bordo, Michael D. / Eichengreen, Barry / Irwin, Douglas (1999): Is Globalization Today Really Different than Globalization a Hundred Years Ago? In: Collins, Susan M. / Lawrence, Robert Z. (Hrsg.): Brookings Trade Forum. Washington, S. 1–72

Boserup, Ester (1970): Woman's Role in Economic Development. London

Brand, Ulrich (2007): Bilderproduktion und Rekonstruktion der Linken. Der G8-Prozess als erfolgreiche politische Imagination. In: analyse + kritik Nr. 518, S. 6

– / Görg, Christoph / Wissen, Markus (2007): Die Internationalisierung des Staates aus einer neo-poulantzianischen Perspektive. In: Prokla 147, S. 217–234

– / Heigl, Miriam (2007): Strategien und Dilemmata globalisierungskritischer Bewegungen am Beispiel des Weltsozialforums – oder: was hat Nicos Poulantzas in Caracas zu tun? In: Bemerburg, Ivonne / Niederbacher, Arne (Hrsg.): Die Globalisierung und ihre Kritik(er). Zum Stand der aktuellen Globalisierungsdebatte. Wiesbaden, S. 165–181

Brock, Dietmar (2008): Kulturelle Globalisierung. In: Ders.: Wirtschaft – Politik – Kultur – Gesellschaft. Wiesbaden, S. 117–172

Caglar, Gülay (2009): Engendering der Makroökonomie und Handelspolitik. Geschlechter- und ökonomisches Wissen in der Global Economic Governance. Wiesbaden

Chang, Ha-Joon (2008): Bad Samaritans: The Myth of Free Trade and the Secret History of Capitalism. New York

Deckwirth, Christina (2007): Globalisierungskritik. In. Brand, Ulrich / Lösch, Bettina / Thimmel, Stefan (Hrsg.): ABC der Alternativen. Hamburg, S. 82–83

Dickhaus, Barbara / Scherrer, Christoph (2006): Gutachten zu den potentiellen Auswirkungen der aktuellen GATS-Verhandlungen sowie der europäischen Dienstleistungsrichtlinie auf den Bildungssektor in Deutschland. Gutachten für die Max Träger Stiftung, im Auftrag der GEW. Unter Mitarbeit von Caren Kunze

Dürrschmidt, Jörg (2002): Globalisierung. Bielefeld

Eberhard, Pia / Schwenken, Helen (2010): Gender Knowledge in Economic Migration Theories and Migration Policies. In: Scherrer, Christoph / Young, Brigitte (Hrsg.): Gender Knowledge and Knowledge Networks in International Political Economy. Baden-Baden, S. 94–114

Fanelli, José María (2003): Growth, Instability and the Crisis of Convertibility in Argentina. In: Teunissen, Jan Joost / Akkerman, Age (Hrsg.): The Crisis that was not prevented: Lessons for Argentina, the IMF, and Globalisation. Den Haag, S. 32–67

Floro, Maria S./ Meurs, Mieke (2009): Global Trends in Women's Access to „Decent Work". In: Dialogue on Globalization, ILO, Genf

Frank, André Gunder (1998): ReOrient. Global Economy in the Asian Age. Berkely, Los Angeles, London

Gender-Datenreport (2005): http://www.bmfsfj.de/Publikationen/genderreport/root.html, vom 11. Mai 2010

Gill, Stephen (2003): Power and Resistance in the New World Order. New York

Glasze, Georg / Meyer, Aika (2009): Das Konzept der „kulturellen Vielfalt": Protektionismus oder Schutz vor kultureller Homogenisierung. In: Kessler, Johannes/ Steiner, Christian (Hrsg.): Facetten der Globalisierung. Zwischen Ökonomie, Politik und Kultur. Wiesbaden, S. 186–197

Habermann, Friederike (2002): Peoples Global Action: Für viele Welten! in pink und silber und bunt. In: Walk, Heike / Boehme, Nele (Hrsg.): Globaler Widerstand. Internationale Netzwerke auf der Suche nach Alternativen im globalen Kapitalismus. Münster, S. 143–156

Hall, Peter A. / Soskice David (2001): Varieties of Capitalism. The Institutional Foundations of Comparative Advantage. New York

Hauschild, Peter (2004): Privatisierung – Wahn oder Wirklichkeit. Kommunen im Fadenkreuz. AttacBasisTexte 9. Hamburg

Held, David/ McGrew, Anthony / Goldblatt, David / Perraton, Jonathan (1999): Global Transformations. Politics, Economics and Culture. Cambridge

Heinrich, Michael (2010): Kapitalismus, Krise und Kritik. Zum analytischen Potenzial der Marxschen Theorie angesichts der gegenwärtigen Krise. In: Bude, Heinz / Damitz, Ralf / Koch, André (Hrsg.): Marx. Ein toter Hund? Gesellschaftstheorie reloaded. Hamburg, S.124–148

Henkel, Hans-Olaf: Exemplarische Rede zur Antrittsvorlesung am 6. Februar 2001 an der Universität Mannheim. In: http://www.cicero-rednerpreis.de/preistraeger.htm, download am 02. 02. 2009

Hirsch, Joachim (2005): Materialistische Staatstheorie: Transformationsprozesse des kapitalistischen Staatensystems. Hamburg

Hirst, Paul / Thompson, Grahame (1998): Globalisierung? Internationale Wirtschaftsbeziehungen, Nationalökonomien und die Formierung von Handelsblöcken. In: Beck, Ulrich (Hrsg.): Politik der Globalisierung, Frankfurt/M., S. 85–183

Kabeer, Naila (2004): Globalization, Labor Standards, And Women's Rights: Dilemmas of Collective (In)Action in an interdependent World. In: Feminist Economics 10(1), S. 3–35

Keohane, Robert O. (1984): After Hegemony. Cooperation and Discord in the World Political Economy. Princeton

Kindleberger, Charles P. (1996): Manias – Panics – Crashes: A History of Financial Crises. 3. Auflage, New York

– (1973): The World in Depression, 1929–1939. Berkeley

Klein, Naomi (2008): Die Schock-Strategie. Der Aufstieg des Katastrophen-Kapitalismus. Frankfurt/M.

Klobes, Frank (2005): Produktionsstrategien und Organisationsmodi. Hamburg

Knapp, Gudrun-Axeli (1995): Intersectionality – ein neues Paradigma feministischer Theorie? Zur transatlantischen Reise von ‚Race, Class, Gender'. In: Feministische Studien 23(1), S. 68–81

Kreisky, Eva (2001): Weltwirtschaft als Kampffeld: Aspekte des Zusammenspiels von Globalismus und Maskulinismus. In: Österreichische Zeitschrift für Politikwissenschaft 2, S. 137.160

Krugman, Paul R. (1986): Strategic Trade Policy and the New International Economics. Cambridge; London

Leggewie, Claus (2003): Die Globalisierung und ihre Gegner. München

Lipietz, Alain (1985): Akkumulation, Krisen und Auswege aus der Krise. Einige methodische Überlegungen zum Begriff der „Regulation". In: Prokla 58, S. 109–137.

List, Friedrich (1841): Das nationale System der politischen Oekonomie, Stuttgart

Löw, Christine (2009): Frauen aus der Dritten Welt und Erkenntniskritik?: Die postkolonialen Untersuchungen von Gayatri C. Spivak zu Globalisierung und Theorieproduktion. Sulzbach im Taunus

Luttwak, Edward (1999): Turbo-Kapitalismus: Gewinner und Verlierer der Globalisierung. Hamburg

Maddison, Angus (2001): The World Economy. A Millenial Perspective. Paris

Marchand, Marianne H. / Runyan, Anne Sisson (2000): Feminist Sightings of global restructuring: conceptualizations and reconceptualizations. In: dies (Hrsg.): Gender and Global Restructuring. Sightings, Sites and Resistances. London; New York, S. 1–22

Marx, Karl (1848): Rede über die Frage des Freihandels, in: MEW 4, Berlin 1971, S. 444–458

– (1857/58): Grundrisse der Kritik der politischen Ökonomie (Rohentwurf). Berlin 1953

– (1867): Das Kapital. Kritik der politischen Ökonomie, 24. Kapitel. Erster Band, MEW 23, Berlin 1956

– (1894): Das Kapital. Kritik der politischen Ökonomie. Dritter Band, MEW 25, Berlin 1986

Mies, Maria (1986): Patriarchy and Accumulation on a World Scale: Women in the International Division of Labour. London

Nuscheler, Franz / Messner, Dirk (2010): Wandel von weltpolitischen Kräftekonstellationen und Machtordnungen. In: Debiel, Tobias / Messner, Dirk / Nuscheler, Franz / Roth, Michele / Ulbert, Cornelia (Hrsg.): Globale Trends 2010. Frieden, Entwicklung, Umwelt. Bonn, S. 35–60

Prebisch, Raul (1964): Einer dynamischen Entwicklung Lateinamerikas entgegen. Berlin

Peterson, V. Spike / Runyan, Anne Sisson (1993): Global Gender Issues. Boulder; San Francisco; Oxford

Ohmae, Kenichi (1990): The Borderless World. New York

Raiser, Simon / Walkalla (2002, Hrsg.): Die Globalisierungskritiker. Anatomie einer heterogenen Bewegung. Arbeitspapiere des Osteuropa-Instituts der Freien Universität Berlin. Heft 44

Rucht, Dieter / Roth, Roland (2008): Globalisierungskritische Netzwerke, Kampagnen und Bewegungen. In: dies. (Hrsg.): Die sozialen Bewegungen in Deutschland seit 1949. Ein Handbuch. Frankfurt/M., S. 493–512

Sassen, Saskia (2006): Die Kriminalisierung von Migranten. In: Altvater, Elmar/ Chomsky, Noam / Davis, Mike / Eppler, Erhard (Hrsg.): Der Sound des Sachzwangs. Der Globalisierungs-Reader, 2. Aufl. Berlin, S.125–132

Schambach, Gabriele (2010): Gender in der Finanz-und Wirtschaftskrise. Beschäftigungsrelevante Aspekte in den Konjunkturpaketen der Bundesregierung für Frauen und Männer. Expertise für die Hans-Böckler-Stiftung. Berlin

Scherrer, Christoph (2000): Global Governance: Vom fordistischen Trilateralismus zum neoliberalen Konstitutionalismus. In: Prokla 118, S. 13–38

– (2003): Das Ende von Bretton Woods – Strategisches Handeln und weltwirtschaftliche Strukturen. In: Buckel, Sonja / Dackweiler, Regina-Maria / Noppe, Ronald (Hrsg.): Formen und Felder politischer Intervention. Festschrift für Josef Esser, Münster, S. 108–125

Schirm, Stefan A. (1999): Globalisierung – eine Chance für Entwicklungsländer? In: Bundeszentrale für politische Bildung (Hg.), Informationen zur politischen Bildung Nr. 263, Globalisierung, Bonn, S. 26–31

Schmitt, Eberhard (2009): Globalisierung der Erde? Gedanken über die europäische Expansion und ihre Folgen. In: Markus A. Denzel (Hrsg.) Vom Welthandel des 18. Jahrhunderts zur Globalisierung des 21. Jahrhunderts, Stuttgart, S. 15–24

Setton, Daniela / Knirsch, Jürgen / Mittler, Daniel / Passadakis, Alexis (2008): WTO – IWF – Weltbank. Die „Unheilige Dreifaltigkeit" in der Krise. AttacBasisTexte 25. Hamburg

Smith, Adam (1776): Untersuchung über Wesen und Ursachen des Reichtums der Völker, Stuttgart 2005

Stiglitz, Joseph, 2002: Die Schatten der Globalisierung, Berlin

Thurow, Lester C. (1993): Kopf an Kopf: Wer siegt im Wirtschaftskrieg zwischen Europa, Japan und den USA? Düsseldorf

Visvanathan, Nalini / Duggan, Lyn / Nisonoff, Laurie / Wiegersma, Nan (1997; Hrsg.): The Women, Gender and Development Reader. London; New Jersey

Wagner, Bernd (2002): In: Aus Politik und Zeitgeschichte 12, S. 10–18

Wahl, Peter (2005): Internationale Steuern: Globalisierung regulieren, Entwicklung finanzieren. Berlin

Wallerstein, Immanuel (1974): The Modern World System. Capitalist Agriculture and the Origin of the European World-Economy in the Sixteenth Century. London

– (1986): Das moderne Weltsystem – Die Anfänge kapitalistischer Landwirtschaft und die europäische Weltökonomie im 16. Jahrhundert. Frankfurt/M.

Wissen, Markus / Habermann, Friederike / Brand, Ulrich (2003): Vom Gebrauchswert radikaler Kritik. Perspektiven für eine gesellschaftsverändernde Praxis. In: Bruns, Theo / Hierlmeier, Josef / Schudy, Alexander/ Wissen, Markus (Hrsg.): radial global. Bausteine für eine internationalistische Linke. Berlin, S. 43–56

Young, Brigitte (1998): Genderregime und Staat in der globalen Netzwerkökonomie. In: Prokla 111, S. 17–198

Young, Brigitte (2000): The ‚Mistress‘ and the ‚Maid‘ in the Globalized Economy. In: Panitch, Leo / Leys, Colin (Hrsg.): Working Classes, Global Realities, Socialist Register, S. 315–328

– / Schuberth, Helene (i.E.): Der globale Finanz-Crash und seine Bedeutung für Gender. In: Scherrer, Christoph / Overwien, Bernd / Dürmeier, Thomas (Hrsg.): Perspektiven auf die Finanzkrise. Opladen

– / Hoppe, Hella (2004): Globalisierung aus Sicht der feministischen Makroökonomie. In: Becker, Ruth / Kortendieck, Beate (Hrsg.): Handbuch der Frauen- und Geschlechterforschung. Wiesbaden, S. 485–493

Zürn, Michael (1998): Regieren jenseits des Nationalstaates. Globalisierung und Denationalisierung als Chance, Frankfurt/M.